Theresa Verspohl · Entstehung und Geheimnis des Regenbogens

THERESA VERSPOHL

Entstehung und Geheimnis des Regenbogens

im Sinne von
GOETHEANISMUS
und
ANTHROPOSOPHIE

J. Ch. Mellinger Verlag, Stuttgart

Die Schrift des Einbandes gestaltete Wolfgang Marquardt, Stuttgart
Das Einbandbild und die Aquarelle fertigte die Autorin

ISBN 3-88069-281-5

Von Perlen baut sich eine Brücke
Hoch über einen grauen See,
Sie baut sich auf im Augenblicke,
Und schwindelnd steigt sie in die Höh'.

Der höchsten Schiffe höchste Masten
Ziehn unter ihrem Bogen hin,
Sie selber trug noch keine Lasten
Und scheint, wie du ihr nahst, zu fliehn.

Sie wird erst mit dem Strom – und schwindet,
Sowie des Wassers Flut versiegt.
So sprich, wo sich die Brücke findet,
Und wer sie künstlich hat gefügt?

Schiller

Inhalt

Anstelle eines Vorworts

„Wir wissen aus alledem, was uns aus der Geisteswissenschaft kommen kann, daß wir die Natur nicht im rechten Sinne betrachten, wenn wir sie nur ihren physisch-sinnlichen Äußerlichkeiten nach ansehen. Wir wissen, daß göttliche Kräfte die Natur umweben, und wir werden unseres Ursprungs aus der Natur nur dann uns im wahren Sinne des Wortes bewußt, wenn wir auf dieses die Natur durchwallende und durchwebende Göttliche hinsehen können . . .

. . . wir brauchen die Vertiefung unserer äußeren Naturanschauung durch dasjenige, was das menschliche Herz entwickeln kann an geistiger Anschauung der Natur. Wir müssen wiederum finden, indem wir uns wenden an dasjenige, wofür wir in der neueren Zeit nur Mikroskope und Teleskope und Röntgenapparate und dergleichen haben, wir müssen uns gewöhnen, das wiederum durch jene Kräfte anzusehen, die aus der Frömmigkeit des menschlichen Herzens kommen. Dann werden zu uns nicht nur sprechen die gleichgültig wachsenden Pflanzen allein, der rauschende Strom, der rauschende Quell, der Blitz aus den Wolken, der Donner aus den Wolken, dann werden aus alledem, was die Blümlein auf dem Felde sagen, aus alledem, was die Blitze und die Donner aus den Wolken sagen, aus alledem, was die leuchtenden Sterne und die leuchtende Sonne sagen, aus alledem werden gleichsam wie ein Ergebnis aller Naturbetrachtung die Worte in unsere Augen, in unsere Ohren, zu unseren Herzen hinströmen, die ja auch nichts anderes ankündigen als: Es offenbart sich der Gott in den Himmelshöhen . . .

Die Zeit muß kommen, wo die Naturbetrachtung herausdringt aus der trockenen, nüchternen, unmenschlichen Art der Laboratorien und Kliniken, wo die Naturbetrachtung von einem solchen Leben durchstrahlt wird, daß . . . sie verkündigt dasjenige, was der Engel der Verkündigung sagt: Es offenbart sich der Gott in den Himmelshöhen . . .“
GA 202, Vortr. v. 23. 12. 20

Rudolf Steiner

Einleitung

Der Regenbogen, diese wunderbare, erstaunliche Naturerscheinung, hat die Menschen zu allen Zeiten bewegt. Er spielt eine Rolle in den Mythen vieler Völker. Er gilt als Himmelsbrücke, auf der die Götter herab zur Erde kommen (Edda), als Straße der Toten (bei manchen Indianern), die zum Himmel führt, oder als Kriegsbogen des Wettergottes (Indien, Arabien). Vor allem aber ist bedeutungsvoll, daß der Regenbogen in unseren christlichen Urkunden erwähnt wird, im Alten und im Neuen Testament. Im Alten Testament (1. Mos. 9, 12–17) erfahren wir, daß Gott der Herr den Regenbogen nach der Sintflut an den Himmel gestellt hat zum Zeichen seines Bundes mit den Menschen. Niemals wieder soll die Menschheit für die Dauer ihrer Entwicklung durch eine ähnliche Sintflut von der Erde hinweggerafft werden. Wenn der Regenbogen in den Wolken erscheint, will Gott der Herr sich erinnern an diesen seinen Bund mit den Menschen.

Auch im Neuen Testament hat der Regenbogen seinen Platz, und zwar in der gewaltigen, apokalyptischen Schau des Evangelisten Johannes[1]. Johannes findet sich ins Geistgebiet emporgehoben und darf schauen, was nach allem Vorangegangenen in der Zukunft geschehen wird. Vor ihm breitet sich ein erhabenes Bild: Er sieht den Himmel offen und den Thron des Allerhöchsten inmitten, der das Leben durch alle Äonen trägt, und vor ihm neigt sich anbetend der ganze Chor der himmlischen Heerscharen. Der Thron aber ist überstrahlt von einem Regenbogen.

So steht der Regenbogen als bedeutsames Zeichen der christlichen Heilsbotschaft sowohl am Beginn als auch am Ende unserer Menschheitsentwicklung, ein Himmelszeichen, das die Menschheit für die ganze Dauer ihrer Entwicklung begleitet. Diese Tatsache wird uns im Verlauf dieser Schrift noch besonders beschäftigen.

Dem Zauber dieses Zeichens kann sich wohl kein empfindendes Menschenherz entziehen. So ist es kein Wunder, daß der Regenbogen auch in der Kunst seinen Niederschlag gefunden hat – sowohl in der Dichtung als auch in der Malerei. Es sei hier nur auf eines der bedeutendsten

Beispiele der großen Malerei des Mittelalters hingewiesen, auf die Stuppacher Madonna des Matthias Grünewald. Goethe fügt das Bild des Regenbogens in die Ariel-Szene seiner Faust-Dichtung ein[2], mit diesem Bild gleichsam eine Brücke schlagend zwischen Faust I und Faust II. Hierin prägt Goethe eine einzigartige Wortbildung, indem er von „des bunten Bogens Wechseldauer" spricht, hiermit auf die geheimnisvolle Tatsache deutend, daß der Regenbogen, diese dauernde, ruhevolle Erscheinung, sich durch die Myriaden fallender Regentropfen in jedem Augenblick neu bildet.

Aber alle hohen Wirkungen dieses Himmelsbildes können den forschenden Menschengeist nicht hindern, mit nüchternem Denken zu versuchen, das Geheimnis seines Zustandekommens zu ergründen.

Noch bevor sich die Kräfte der Bewußtseinsseele in der Menschheit regten, hat erstaunlicherweise bereits der Perser Al Schirasi (1236–1311) seine Theorie über den Regenbogen aufgestellt. „Er behauptete bereits, daß der Hauptregenbogen durch zweimalige Brechung und einmalige Reflexion in einem Tropfen, der Nebenregenbogen durch zweimalige Reflexion und zweimalige Brechung entstehe; die Bogenform aber dadurch bewirkt werde, daß alle Tropfen, die auf einer Kegelfläche liegen, deren Spitze im Auge ist, sich gleich verhalten."[3]

Diese Theorie wird auch heute noch als richtig angesehen. Auch verschiedene andere Wissenschaftler haben sich mit dieser Frage beschäftigt – vor allem auch 1637 Descartes –, die aber im wesentlichen alle übereinstimmen. Goethe hat in seinen „Materialien zur Geschichte der Farbenlehre" zu allen Stellung genommen.

Im Jahre 1838 ergänzte Airy die bestehende Auffassung mit seiner Theorie, wonach auch Diffraktion (das Beugungsphänomen) hinzukommt, was 1910 durch Experiment bestätigt wurde.[4]

Die schematischen Darstellungen der Abb. 1, 2 und 3 sind Abbildungen, wie man sie in den heutigen Lehrbüchern und Nachschlagewerken findet. Sie zeigen den Haupt- und Nebenregenbogen sowie den Weg des Lichtstrahls im einzelnen Wassertropfen sowohl beim Haupt- als auch beim Nebenregenbogen. Der Begriff „farbige Austrittsstrahlen" ist eine Formulierung der Newton'schen Theorie und entspricht nicht der Auffassung Goethes. So sind auch die schematischen Darstellungen sehr vereinfacht, da sie nur den Weg eines einzigen Lichtstrahls veranschaulichen und den tatsächlichen Umfang des komplizierten Geschehens, das durch das in aller Breite heranflutende Licht bewirkt wird, unberücksichtigt lassen. Die Regenbogenerscheinung kann nicht mit Linearzeichnungen dargestellt werden, „denn man hat es nicht mit Lichtstrahlen und dergleichen hypothetischen Gebilden zu tun, sondern mit Bildern, die im Raume erscheinen, somit nur perspektivisch veranschaulicht werden können“[5]. Linearzeichnungen sind eine gewisse Hilfsbrücke – nicht mehr und nicht weniger. In diesem Sinne können sie gelegentlich in unsere Arbeit mit einbezogen werden.

Diejenigen Leser, die wissenschaftlich weniger interessiert sind, mögen sich nicht durch die physikalischen Begriffe irritieren lassen; das Anliegen dieser Schrift ist vielmehr, das Geistig-Wesenhafte hinter den physikalischen Vorgängen zu suchen. Daher hoffe ich, daß der Inhalt

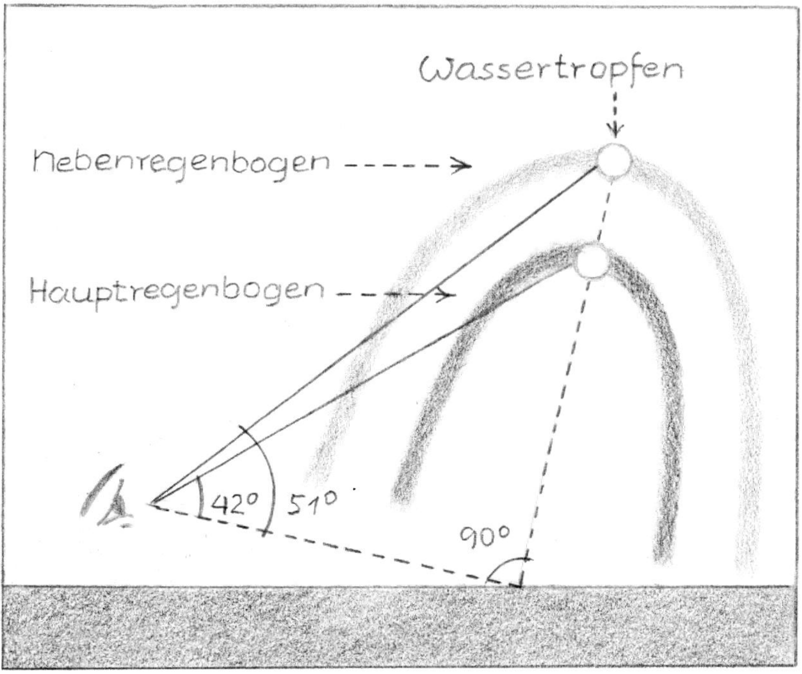

Abb. 1 Der Haupt- und Nebenregenbogen, die unter dem Winkel von 42° bzw. 51° gesehen werden.

dieser Schrift auch den Lesern verständlich ist, die mit den physikalischen Begriffen nicht vertraut sind.

Es war Goethe nicht beschieden, eine befriedigende Erklärung für die Entstehung des Regenbogens zu finden. Die Frage hat ihn jedoch bis zum Ende seines Lebens beschäftigt. Goethe experimentierte mit der

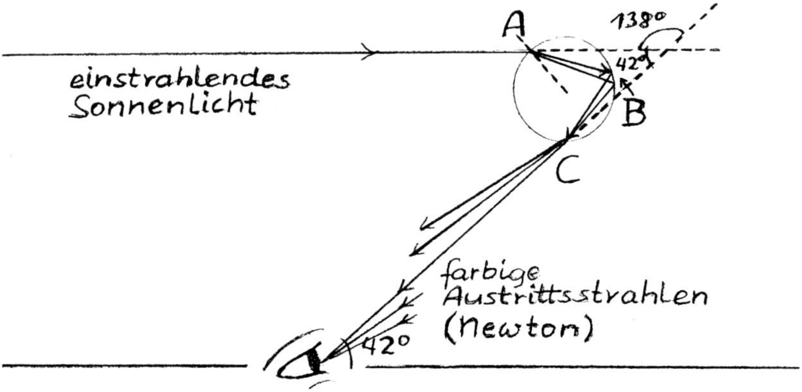

Abb. 2 Der Weg des Lichtstrahls im Regentropfen des Hauptregenbogens. Refraktion (Brechung) bei A und C, Reflexion (Spiegelung) bei B.

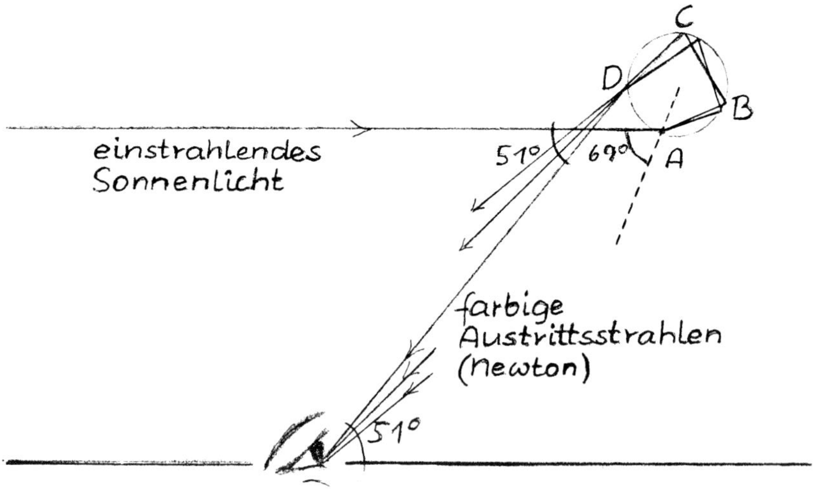

Abb. 3 Der Weg des Lichtstrahls im Regentropfen des Nebenregenbogens. Refraktion (Brechung) bei A und D, Reflexion (Spiegelung) bei B und C.

„Schusterkugel", einer mit Wasser gefüllten Glaskugel, die den handwerklichen Arbeitsplatz wesentlich erhellte. Die Schusterkugel veranschaulicht im großen, was im einzelnen, kleinen Tropfen vor sich geht. Goethe berichtete noch vier Wochen vor seinem Tode seine Beobachtungen hierüber ausführlich in einem Brief an Sulpiz Boisserée[6].

Wie sehr sich Goethe mit dem Problem des Regenbogens beschäftigte, zeigt das Bild (Abb. 4), das sich bei seinen „Beiträgen zur Optik" fand. Es scheint mir kennzeichnend zu sein für Goethes Weltbild. In den geballten Wolken wölbt sich ein mächtiger Regenbogen, der den wie von einer Pflugschar durchfurchten Erdboden überspannt. Dort, wo der Regenbogen auf die Erde auftrifft, liegen ein Prisma und ein mit einem Handgriff versehener Spiegel, die Instrumente des Forschers, die zugleich auf die Prozesse der Refraktion und Reflexion hindeuten, die der Entstehung des Regenbogens zugrunde liegen. Im Zentrum des Bildes jedoch, die Wolken durchbrechend und sonnenhaft durchstrahlend, ein tiefsinnendes Auge – ist es doch „am Lichte fürs Licht gebildet, damit das innere Licht dem äußeren entgegentrete"![7] Ist es das Auge des Forschers, des denkenden Menschengeistes, der „alle Dinge, auch die Tiefen der Gottheit durchdringen möchte"[8], oder ist es das Auge der Gottheit selbst – der Gottheit, die uns inmitten der Natur und durch die Natur entgegenleuchtet, dem Menschen durch Offenbarung die Geheimnisse der Schöpfung enthüllend, die sich dem grübelnden Verstand nicht erschließen wollen? Goethe läßt seinen Faust bei der Betrachtung des Regenbogens ausrufen: „Am farbigen Abglanz haben wir das Leben."

Für das Zustandekommen der Farben ist das wichtigste Element das Licht. Nun ist aber bereits die Auffassung Goethes über das Licht und die Farbentstehung radikal verschieden von der Auffassung der Schulphysik, die sich bekanntlich auf Newton[9] stützt.

Im Sinne Newtons ist das Licht – das helle Tageslicht der Sonne – zusammengesetzt aus farbigen Lichtern, die z. B. beim Prisma und beim Regenbogen offen in Erscheinung treten. Es drückt sich in dieser Theorie ein mechanisches Weltbild aus. Die erste Aussage Newtons in seiner Schrift „Der Newtonischen Optik erstes Buch", gleich in dem allerersten Teil, der ersten Proposition, dem ersten Theorem, lautet:

> „Lichter, welche an Farbe verschieden sind, dieselben sind auch an Refrangibilität (Brechbarkeit) verschieden, und zwar gradweise."

Es hat Goethe maßlos gewurmt, daß Newton von „Lichtern", und gleich von „farbigen Lichtern" spricht, noch bevor er vom Licht selbst gesprochen hat.

Newton stellt also die Theorie auf, daß in dem hellen Tageslicht der Sonne verschiedene, farbige Lichter gemischt sind; daß die einzelnen, farbigen Lichter einen verschiedenen Grad an Brechbarkeit haben und daß das Prisma sozusagen das Licht aufspaltet in die verschiedenen Farben, und zwar in der Weise, daß diese nach dem ihnen eigenen Grad an Brechbarkeit in Erscheinung treten. Rot erscheint am oberen Rand des Spektrums, wird also am wenigsten abgelenkt, hat somit den kleinsten Grad an Brechbarkeit. Violett, das nach unten hin die Reihe der Regenbogenfarben beschließt, hat somit den größten Grad an Brechbarkeit, es wird am meisten abgelenkt.

Dagegen steht die Auffassung Goethes, daß die Farben aus dem Zusammenwirken von Licht und Finsternis entstehen. Goethe tastet den Begriff des Lichtes selbst nicht an:

> „Das Licht ist das einfachste, homogenste, unzerlegteste Wesen, das wir kennen; es ist nicht zusammengesetzt."

Abb. 4 Zeichnung Goethes.

Goethe suchte die Bedingung für die Entstehung der Farben außerhalb des Lichtes, und zwar in der Auseinandersetzung mit der Finsternis. In der dynamischen Begegnung von Licht und Finsternis sah Goethe die Ursache für die Farbentstehung; und er wußte sich mit dieser Auffassung „in Übereinstimmung mit Aristoteles, Leonardo da Vinci und anderen Großen", wie uns Eckermann berichtet.

„Farben sind Taten und Leiden des Lichtes."

Dieses Wort aus dem Vorwort zu Goethes Farbenlehre könnte geradezu als Leitmotiv über der ganzen Farbenlehre stehen. Es wird notwendig sein, daß wir uns ein anschauliches Bild davon machen können, was unter dieser grundlegenden Aussage zu verstehen ist. In dem Abschnitt „Goethes Urphänomen" werden wir näher darauf eingehen, denn das Urphänomen liegt auch dem Regenbogen zugrunde.

Zunächst wollen wir uns jedoch den Zugang zu einem qualitativen Erleben des Lichtes und der Finsternis sowie Goethes geistiges Weltbild selbst erarbeiten.

„Wenn wir durch die Welt schreiten in dem Bewußtsein: Mit jedem Blick, mit jedem Ton, den wir hören, strömt Geistiges, strömt Seelisches wenigstens in uns ein, und zu gleicher Zeit strömen wir in die Welt Seelisches hinaus, dann, dann haben wir das Bewußtsein errungen, das die Menschheit für die Zukunft braucht.“
GA 194, Vortr. v. 30. 11. 90

Rudolf Steiner

Das materialistische und das geistige Weltbild

Rudolf Steiner ist ein profunder Kenner der naturwissenschaftlichen Schriften Goethes. Er hat bereits mit 22 Jahren, von 1883 bis 1897, die naturwissenschaftlichen Schriften Goethes in Kürschners „Deutscher Nationalliteratur" herausgegeben und mit Einleitungen und Kommentaren versehen. Außerdem arbeitete er in Weimar an der Herausgabe der naturwissenschaftlichen Schriften im Rahmen der großen Sophienausgabe mit. Seine umfassenden und tiefschürfenden Interpretationen lassen uns die Bedeutung Goethes für unsere Gegenwart und zukünftige Zeiten erkennen und bringen so manche Fragen erhellend und klärend unserem Verständnis näher. Die entscheidende Bedeutung Goethes liegt in seinem geistigen Weltbild.

Die Naturwissenschaft der Gegenwart ist geprägt von dem materialistischen Weltbild. Ihr liegt alle qualitative Betrachtungsweise fern. Daher ist sie unbefriedigend für den forschenden Menschengeist, der danach strebt, das Wesen der Dinge zu erkennen.

Was ist denn z. B. im Sinne der heutigen Wissenschaft unsere Erde im Weltall? Ein „Staubkorn", ein ganz unwichtiger, verlorener Himmelskörper irgendwo in den Randgebieten unseres Milchstraßensystems. Die heutige Wissenschaft wendet den Blick lediglich auf die räumliche Größe des Weltalls.

Was ist denn unsere Erde im Makrokosmos im Sinne der modernen Geisteswissenschaft Rudolf Steiners? In geistiger Sicht ist die Erde Träger keimenden, geistigen Lebens, Keim für eine zukünftige Welt[10]. Mit anderen Worten: Die Erde ist nicht Staubkorn, sondern Same! Diese spirituelle Aussage hat Goethe auf besonders schöne Weise vorweggenommen mit den Worten:

„... Gott hat sich nach den bekannten imaginierten sechs Schöpfungstagen keineswegs zur Ruhe begeben, vielmehr ist er noch fortwährend wirksam, wie am ersten. Diese plumpe Welt aus einfachen Elementen zusammenzusetzen und sie jahraus, jahrein in den Strahlen der Sonne rollen zu lassen, hätte ihm sicher wenig Spaß gemacht, wenn er nicht den Plan gehabt hätte, sich auf dieser materiellen Unterlage *eine Pflanzschule für eine Welt von Geistern zu gründen...*"

Es ist das letzte Gespräch mit Goethe vor seinem Tod, das uns Eckermann überliefert hat. Die Erde – kein totes „Staubkorn", sondern „eine Pflanzschule für eine Welt von Geistern"! Mit der Gegenüberstellung – die Erde ein Staubkorn oder die Erde ein Samenkorn – ist der Gegensatz zwischen der abstrakten, materialistischen und der lebendigen, geistigen Weltauffassung aufs deutlichste gekennzeichnet.

Das Weltbild, das der Mensch sich aufbaut, prägt aber ganz entscheidend sein Lebensgefühl. Ein geistiges Weltbild führt zu der Erkenntnis, daß ein tiefer Sinngehalt mit dem Wesen unserer Erde und dem Menschenschicksal verbunden ist, was letzten Endes ein positives, tragendes Lebensgefühl bewirkt; wohingegen ein abstraktes, materialistisches, sinnentleertes Weltbild das Lebensgefühl lähmt. Die steigende Zahl der Suizide ist sicher z. T. auch in einem sinnentleerten Weltbild zu suchen. Die frostige Atmosphäre der Wissenschaften ist ein zutiefst humanes Problem.

Antworten auf die Rätselfragen des Daseins können dem forschenden Menschengeist nur aus einer qualitativen, geistigen Weltbetrachtung kommen. Den Geheimnissen der Schöpfung näher zu kommen, war aber Goethes innerstes Anliegen, das besonders deutlich zum Ausdruck kommt in den Worten des Faust:

> „...
> Daß ich erkenne, was die Welt
> Im Innersten zusammenhält,
> Schau alle Wirkenskraft und Samen,
> Und tu nicht mehr in Worten kramen."

Das Streben, den Geheimnissen der Schöpfung näherzukommen, führte Goethe zu einem intensiven Studium von Botanik, Osteologie, von Anthropologie im weiteren Sinne, wie er sich auch im weiteren Sinne mit Optik und Physik befaßte. Goethe war ein universeller Geist. Jedoch die Naturwissenschaft der heutigen Zeit kann Goethes fortschrittliches, lebendiges Denken nicht akzeptieren[11]:

„Die Physik von heute kann diese Farbenlehre Goethes nur als Unsinn anschauen. Das liegt aber nicht an der Farbenlehre, sondern an den heutigen Formen der Wissenschaft. Und wenn Sie lesen, was gemeint ist in meinem Buche über „Goethes Weltanschauung" wie auch in der Vorrede zu Goethes Naturwissenschaftlichen Werken, herausgegeben von Kürschner, dann können Sie sehen, daß darin eine Anschauung über die Farbenlehre steckt, die im tiefsten Sinne wissenschaftlich ist, der gegenüber alle physikalischen Theorien der Gegenwart dilettantisch sind.

So können wir sehen, wie Goethe auf allen Gebieten wirklich gearbeitet hat. Wir können sehen, wie überall sein Streben nach Erkenntnis der Naturgesetze befruchtet ist von dem, was Goethe als dichterische Kräfte in sich hatte. Bei ihm ist überhaupt nichts getrennt, alles spielt in seiner Seele ineinander. Da aber stört nicht eines das andere, und da ist uns Goethe ein lebendiger Beweis dafür, daß es in der Tat ein Unding, eine Absurdität ist, wenn man glauben sollte, daß der lebendige Betrieb meinetwillen eines intellektuellen Geisteszweiges die Intuition stören könnte ... Wir können uns eine Vorstellung von dem lebendigen Zusammenarbeiten der menschlichen Seelenkräfte machen, und wir haben noch die Hilfe, daß ein solcher moderner Geist vorhanden ist, in dem unmittelbar lebendig war dieses Zusammenwirken der einzelnen Seelenkräfte der gesamten Persönlichkeit. Daher ist Goethe eine so vorbildliche Persönlichkeit, die man anschauen muß, um dieses lebendige Zusammenwirken der Seelenkräfte studieren zu können. Und da er ein Mensch ist, an dem man tatsächlich verfolgen kann, wie er von Jahr zu Jahr steigt in bezug auf die Vertiefung des eigenen Seelenlebens, des Weltverständnisses, haben wir in ihm ein Beispiel dafür, wie der Mensch streben muß, um zu einer Vertiefung seines Seelenlebens zu gelangen ... Und insbesondere der Geist könnte viel von Goethe lernen ... gerade von dieser Seite her wird und muß Goethe allmählich mehr und mehr begriffen werden, denn vieles von dem, was man nennen kann eine gesunde Durchleuchtung unseres Fortschrittes in die geistigen Welten, unserer Geisteswissenschaft überhaupt, kann ausgehen von einer Betrachtung Goethes, weil bei Goethe alles gesund ist."

Völlig zu Unrecht unterstellt man Goethe, „kein zünftiger Physiker", sondern ein „Aperçu-Physiker" und ein Feind des Experimentierens gewesen zu sein.[12] So etwas spricht nur ein Ignorant dem anderen nach. Goethe zeichnete sich sogar durch eine außerordentliche Experimentierfreudigkeit und Beobachtungsgabe aus, wie sich aus seiner Farbenlehre und darüber hinaus aus seinen gesamten naturwissenschaftlichen Schriften ergibt. Das Mißverständnis entsteht vielleicht dadurch, daß Goethe komplizierte Apparate ablehnte, weil sie die Vorgänge isoliert darstellen und aus dem Zusammenhang herausreißen und damit die wahre Erkenntnis verhindern. So war es z. B. bei dem Polarisationsapparat der Fall, einem besonders fortschrittlichen Präzisionsinstrument, das man ihm geschenkt hatte:

„Wie nahe wir durch unseren vierfach gesteigerten Apparat an den Punkt gekommen, wo das Instrument, anstatt das Geheimnis der Natur zu entwickeln, sie zum unauflöslichen Rätsel macht, möge doch jeder naturliebende Experimentator beherzigen. Es ist nichts dagegen, daß man, durch mechanische Vorrichtung, sich in den Stand setze, gewisse Phänomene bequemer und auffallender, nach Willen und Belieben vorzuzeigen; eigentliche Belehrung aber befördern sie nicht, ja es gibt unnütze und schädliche Apparate, wodurch die Naturanschauung ganz verfinstert wird, worunter auch diejenigen gehören, welche das Phänomen teilweise oder außer Zusammenhang vorstellen. Diese sind es eigentlich, worauf Hypothesen gegründet, wodurch Hypothesen Jahrhunderte lang erhalten werden.“[13]

Ein weiteres Mißverständnis ist, daß man Goethe unterstellt, ein Feind der Mathematik gewesen zu sein. Eine sehr humorvolle, diesbezügliche Entgegnung Goethes hat uns Eckermann übermittelt:

„Ich ehre die Mathematik als die erhabenste und nützlichste Wissenschaft, solange man sie da anwendet, wo sie am Platze ist; allein ich kann nicht loben, daß man sie bei Dingen mißbrauchen will, die gar nicht in ihrem Bereich liegen, und wo die edle Wissenschaft sogleich als Unsinn erscheint. Und als ob alles nur dann existierte, wenn es sich mathematisch beweisen läßt. Es wäre doch töricht, wenn jemand nicht an die Liebe seines Mädchens glauben wollte, weil sie ihm solche nicht mathematisch beweisen kann! Ihre Mitgift kann sie ihm mathematisch beweisen, aber nicht ihre Liebe. Haben doch auch die Mathematiker nicht die Metamorphose der Pflanze erfunden! Ich habe dieses ohne die Mathematik vollbracht, und die Mathematiker haben es müssen gelten lassen. Um die Phänomene der Farbenlehre zu begreifen, gehört weiter nichts als ein reines Anschauen und ein gesunder Kopf; allein beides ist freilich seltener, als man glauben sollte.“

Rudolf Steiner hat sich bereits in seinem allerersten öffentlichen Vortrag am 9. 11. 1888 in Wien mit dem Thema „Goethe als Vater einer neuen Ästhetik“ über die überragende Bedeutung von Goethes geistiger Weltansicht für die ganze Menschheit und über seine besondere Fähigkeit des qualitativen, lebendigen Denkens ausgesprochen. Diese Tendenz ist die Quelle seines gesamten Schaffens, „aus der bei ihm alles entspringt“ und die einmal in der Zukunft geradezu zu einem Erkennungszeichen der Menschen über Deutschlands Grenzen hinaus werden soll: „Nur wenn wir den vollen Reichtum der Lebensäußerungen durchlaufen, in denen sich dieser universelle Geist ausgelebt hat, tritt uns sein Wesen, tritt uns seine Tendenz, aus der bei ihm alles entspringt und die einen Höhepunkt der Menschheit bezeichnet, vor die Seele. Erst wenn diese Tendenz Gemeingut aller geistig Strebenden wird, wenn der Glaube ein allgemeiner sein wird, daß wir die Weltansicht Goethes nicht nur verstehen sollen, sondern daß wir in ihr, sie in uns leben muß, erst dann hat Goethe seine Sendung erfüllt. Diese Weltansicht muß für die Glieder des deutschen Volkes und weit über dieses hinaus das Zeichen sein, in dem sie sich als in einem gemeinsamen Streben begegnen und erkennen.“

Aus der besonderen Bedeutung dieser Tendenz Goethes erhellt sich auch, warum Rudolf Steiner das Zentrum der Anthroposophischen Weltgesellschaft in Dornach, mit ihren Aktivitäten in Pädagogik und Heilpädagogik, Kunst, Medizin, Naturwissenschaft, Landwirtschaft und Sozialarbeit, das „Goetheanum“, nach Goethe benannt hat.

Wenn nun auch das materialistische und das geistige Weltbild einander schroff gegenüberstehen – sollte nicht dennoch in gewissem Sinne eine Synthese möglich sein zwischen diesen polaren Weltauffassungen? Es müßte durchaus möglich sein, auf dem Felde der Naturwissenschaften zu dem eigentlichen Wesen von Naturkräften und Naturgesetzen durchzustoßen, so daß wir beide Ansätze berücksichtigen, sowohl die naturwissenschaftlichen als auch die geisteswissenschaftlichen. Letzten Endes ist ja unsere Erde mit allen ihren Elementen und Naturkräften und Naturgesetzen aus *einer* Schöpferhand hervorgegangen und letztlich das Ergebnis der Wirksamkeiten geistiger Wesenheiten. Es muß demnach durchaus eine innere Beziehung vorhanden sein zwischen der stofflichen Welt mit ihren Gesetzen und der geistigen Welt.

Rudolf Steiner läßt uns durch die moderne Geistesforschung der Anthroposophie einen tiefen Blick tun hinter den Schleier der Sinneswahrnehmungen[14]:

„Derjenige, der mit einem okkult geschulten Blick hinter die physischen Tatsachen zu schauen vermag, der findet hinter all dem, was sich ausbreitet als Farbe, als Töne, als Wärme, als Kälte, was sich ausbreitet an Naturgesetzen, sogleich Wesenheiten, die sich für die äußeren Sinne und für den äußeren Verstand nicht offenbaren, die hinter der physischen Welt liegen. Dann dringt er immer tiefer und tiefer, und er entdeckt sozusagen Welten mit Wesenheiten von immer höherer Gattung."

Rudolf Steiner weist uns dann zunächst den Weg, wie der Mensch zum Erleben der Wesenheiten kommen kann, die mit den Naturkräften und Naturgesetzen verbunden sind: nämlich die ganze Welt um uns herum moralisch, qualitativ zu empfinden, den physischen Eindruck in einen moralischen zu verwandeln. Darauf einzugehen würde aber den Rahmen unseres Themas überschreiten. Dahinter steht letztlich der ganze Zyklus „Die geistigen Wesenheiten in den Himmelskörpern und Naturreichen".

Zum Abschluß dieses Abschnittes möge noch das folgende Bild stehen, in welchem uns Rudolf Steiner an einem anschaulichen Vergleich aus dem praktischen Leben deutlich macht, wie hinter physikalischen Vorgängen Geistig-Wesenhaftes steht[15]:

„Wenn jemand an einem Ort A. ein Telegramm an mich, der ich mich in B. befinde, aufgibt, dann ist das, was ich von dem Telegramm in die Hände bekomme, restlos in B. entstanden. Es ist der Telefonist in B.; er schreibt auf Papier, das niemals in A. war... kurz, es läßt sich beweisen, daß in das, was mir vorliegt, gar nichts von A. eingeflossen ist. Dennoch ist alles, was von B. herrührt, für den *Inhalt*, das Wesen des Telegramms, ganz gleichgültig; was für mich in Betracht kommt, ist nur durch B. vermittelt. Will ich das Wesen des Inhalts des Telegramms erklären, dann muß ich ganz von dem absehen, was von B. herrührt. Ebenso verhält es sich mit der Welt des Auges. Die Theorie muß sich auf das dem Auge Wahrnehmbare erstrecken und *innerhalb* derselben die Zusammenhänge suchen. Die materiellen raum-zeitlichen Vorgänge mögen recht wichtig sein für das *Zustandekommen* der Wahrnehmung; mit dem *Wesen* derselben haben sie nichts zu tun."

An diesem Beispiel wird deutlich, daß eine innere Beziehung besteht zwischen den Phänomenen der sichtbaren Welt und den dahinterliegenden Kräften der unsichtbaren Welt, und zwar der Art, daß wir in den Phänomenen der sichtbaren Welt geradezu die Offenbarungen der unsichtbaren Kräfte und Wesenheiten erkennen können.

„Wenn wir durch die Welt schreiten in dem Bewußtsein: Mit jedem Blick, mit jedem Ton, den wir hören, strömt Geistiges, strömt Seelisches wenigstens in uns ein, und zu gleicher Zeit strömen wir in die Welt Seelisches hinaus, dann, dann haben wir das Bewußtsein errungen, das die Menschheit für die Zukunft braucht."[16]

Die Schulphysik beschränkt sich auf die materiellen, raum-zeitlichen Vorgänge und kann nicht an das Wesen einer Sache heran. Wir wollen aber wohl im Bewußtsein haben, daß der ganze physisch-physikalisch-technische Vorgang ja ausgelöst wird durch den Wunsch – einen Gedanken! –, eine Mitteilung an einem entfernten Ort zur Kenntnis zu geben. Der physisch-physikalisch-technische „Apparat" hat letztlich seinen Ursprung einem menschlichen Gedanken zu verdanken und ist im Sinne dieses Bedürfnisses entwickelt worden. Und woher kämen dem Menschen auf der gegenwärtigen Stufe seiner Entwicklung solche technischen Fähigkeiten und schöpferischen Gedanken, wenn die Möglichkeit dazu nicht von den Schöpfergeistern von vornherein in seiner ganzen Organisation konzipiert wäre? Schuf nicht Gott den Menschen sich selbst zum Bilde?

Wollen wir den Versuch wagen, auf dem Weg zum Geheimnis des Regenbogens den Wundern der Schöpfung näherzukommen und uns bemühen, „das Ereignis des Regenbogens faßlich zu machen"!

„Wir müssen uns gründlich abgewöhnen, dasjenige in dem Lichte zu sehen, was das materialistische Zeitalter gewöhnt ist, in dem Lichte zu sehen. Wir müssen uns gründlich abgewöhnen, zu glauben, daß von der Sonne austrahlen bloß jene Schwingungen, von denen unsere Physik und das allgemeine Menschheitsbewußtsein heute redet. Wir müssen uns klar werden darüber, daß da Seele durch den Weltenraum dringt auf den Schwingen des Lichtes."

GA 194, Vortr. v. 30. 11. 19

Rudolf Steiner

Die Polarität Licht und Finsternis

Für das Verständnis des Rätsels „Regenbogen“ wird es am sinnvollsten sein, zunächst auf die wesentlichsten Begriffe von Goethes Farbenlehre einzugehen, wie: „Licht“ und „Finsternis“, „Polarität“ und „Steigerung“ und das „Urphänomen“, so daß sich zuletzt durch Kenntnis dieser Grundbegriffe die Lösung unseres Rätsels leichter ergibt.

Diese Kenntnisnahme sollte aber nicht informativ sein, denn es wird alles darauf ankommen, daß wir „goetheanistisch“ vorgehen und das Wesen der Kräfte und ihrer Wirksamkeiten mitempfindend erleben. Es gilt, Unsichtbares aufzuspüren; es gilt „zu geistigen Realitäten und wirklichkeitsdurchtränkten Vorstellungen zu kommen“, wie es das Anliegen Rudolf Steiners ist. Für unser Thema finden wir eine wahre Fundgrube in dem sogenannten „Lichtkurs“[17], in dem Rudolf Steiner in einer Reihe von Vorträgen vor jungen Waldorflehrern Erläuterungen zu Goethes Farbenlehre gegeben hat:

„Aber was ist denn dieses Dunkle, was ist es eigentlich? Sehen Sie, dieses Dunkle muß eben auch durchaus real erfaßt werden. Und alles das, was da seit etwa dem sechzehnten Jahrhundert in die neuere Physik eingezogen ist, das konnte nur deshalb einziehen, weil man niemals die Dinge zugleich geistig beobachtet hat, weil man immer die Dinge nur nach dem äußeren Sinnenschein beobachtet hat und dann hinzuerfunden hat zur Erklärung dieses Sinnesscheins allerlei Theorien. Sie werden keineswegs in Abrede stellen können, daß, wenn Sie auf Licht schauen, das eine Mal das Licht stärker, das andere Mal schwächer ist. Stärkeres und schwächeres Licht gibt es. Nun handelt es sich darum, zu verstehen, wie dieses Licht, das stärker und schwächer sein kann, sich nun eigentlich zu der Dunkelheit verhält. Der gewöhnliche Physiker denkt heute, es gibt stärkeres und schwächeres Licht, alle möglichen Lichtgrade der Stärke nach, aber eine einzige Dunkelheit, die eben dann einfach da ist, wenn das Licht nicht da ist. Also ist „Schwarz“ auf einerlei Weise. So wenig es nur einerlei Helligkeit gibt, ebensowenig gibt es nur einerlei Dunkelheit, und davon zu reden, daß es nur einerlei Dunkelheit gibt, ist so einseitig, wie wenn man sagen würde: ich kenne vier Menschen. Der eine davon hat ein Vermögen von fünfhundert Mark, der andere ein Vermögen von tausend Mark. Der eine hat also ein größeres Vermögen als der andere. Der dritte aber hat fünfhundert Mark Schulden und der vierte tausend Mark Schulden. Aber was soll ich mich da weiter bekümmern um diesen Unterschied? Das ist schließlich dasselbe. Beide haben eben Schulden. Ich will unterscheiden zwischen den Graden des Vermögens, aber ich will nicht erst unterscheiden zwischen den Graden der Schulden, sondern Schulden sind Schulden. In diesem Falle fällt einem ja die Sache auf, weil ja die Wirkung von fünfhundert Mark Schulden eine geringere ist als die Wirkung von tausend Mark Schulden. Bei der Dunkelheit verhält man sich aber so: Licht hat verschiedene Helligkeitsgrade, Dunkelheit ist Dunkelheit. Das ist es, daß man nicht vorrückt zu einem qualitativen Denken, was uns so sehr hindert, die Brücke zwischen dem Seelisch-Geistigen und dem Körperlichen auf der anderen Seite zu finden. Wenn ein Raum von Licht erfüllt ist, so ist er eben mit Licht von einer bestimmten Stärke erfüllt, wenn ein Raum mit Dunkelheit erfüllt ist, so ist er mit Dunkelheit von einer bestimmten Stärke erfüllt, und man muß fortschreiten von dem bloß abstrakten Raum zu demjenigen Raum, der nicht abstrakt ist, sondern in irgendeiner Weise positiv erfüllt ist durch Licht, negativ erfüllt ist durch Dunkelheit. Man kann also gegenüberstehen dem lichterfüllten Raum und kann ihn nennen qualitativ positiv; man kann gegenüberstehen dem dunkelheiterfüllten Raum und kann ihn qualitativ negativ mit Bezug auf die Lichtverhältnisse finden. Beides aber kann mit einem bestimmten Intensitätsgrade, mit einer bestimmten Stärke angesprochen werden. Aber jetzt fragt man sich: Ja, wie unterscheidet sich denn für unser Wahrnehmungsvermögen dieses positive Erfülltsein des Raumes von dem negativen Erfülltsein des Raumes? – Dieses positive Erfülltsein des Raumes, wir brauchen uns nur zu erinnern, wie es ist, wenn wir aufwachen, von Licht umgeben sind, unser subjektives Erleben vereinigen mit demjenigen, was uns als Licht umflutet, wir brauchen diese Empfindung nur zu vergleichen mit demjenigen, was wir empfinden, wenn wir von Dunkelheit umgeben sind, und wir werden finden – ich bitte jetzt, das sehr genau ins Auge bzw. in den Verstand zu fassen –, wir werden uns klar werden müssen, daß rein für die Empfindung ein Unterschied besteht in dem Hingegebensein an den lichterfüllten Raum und in dem Hingegebensein an den dunkelheiterfüllten Raum. Nun kann man sich diesen Dingen überhaupt nur durch Vergleiche nähern.

Sehen Sie, man kann vergleichen jene Empfindung, die man hat, wenn man sich mit dem lichterfüllten Raum zusammenfindet, man kann das vergleichen mit einer Art Einsaugen des Lichtes durch unser seelisches Wesen. Wir empfinden da eine Bereicherung, wenn wir im lichterfüllten Raum sind. Es ist ein Einsaugen des Lichtes. Wie ist es denn mit der Dunkelheit? Da ist genau die entgegengesetzte Empfindung. Die Dunkelheit saugt an uns, die saugt uns aus, der müssen wir uns hingeben, an die müssen wir etwas abgeben. So daß wir sagen können: Die Wirkung des Lichtes auf uns ist eine mitteilende, die Wirkung der Dunkelheit auf uns ist eine saugende."

Wir sehen an diesem Beispiel, wie Rudolf Steiner den Menschen als fühlendes, mitempfindendes Wesen einschaltet in den Erkennungsprozeß. Ist es doch gerade die Fähigkeit der Empfindung, die ein qualitatives Erleben der Sinneswahrnehmungen und somit ein lebendiges Denken überhaupt erst möglich macht.

Goethe beschreibt in seiner Farbenlehre einen Versuch mit einer weißen und einer schwarzen gleich großen Kreisfläche, der deutlich die entgegengesetzten Tendenzen von Weiß und Schwarz erlebbar macht. Da Weiß und Schwarz repräsentativ stehen für Licht und Finsternis, ist es nicht verwunderlich, daß diese beiden Farben auch in ihren Wirkungen den Wirkungen von Licht und Finsternis entsprechen.

Da heißt es in Goethes Farbenlehre:

§ 16: „Ein dunkler Gegenstand erscheint kleiner als ein heller von derselben Größe. Man sehe zugleich eine weiße Rundung auf schwarzem, eine schwarze auf weißem Grunde, welche nach einerlei Zirkelschlag ausgeschnitten sind, in einiger Entfernung an, und wir werden die letztere etwa um ein Fünftel kleiner als die erste halten. Man mache das schwarze Bild um soviel größer, und sie werden gleich erscheinen."

In § 17 folgt gleich eine praktische Nutzanwendung der Wirkung der schwarzen Farbe: „... Schwarze Kleider machen die Personen viel schmäler aussehen als helle ..."

Wir haben es also bei den Polaritäten Licht und Finsternis mit Entitäten zu tun, die sich durch eigene Aktivität auszeichnen, denen ganz bestimmte Verhaltensweisen eigen sind, die polar zueinander sind. Unsere Erde ist in das polare Spannungsfeld dieser Entitäten eingeschaltet. Mit ungeheurer Präzision wechselt der Rhythmus von Tag und Nacht. In diesem Rhythmus entfaltet sich alles Leben auf der Erde. Das Zusammenspiel dieser Entitäten erfolgt in bestimmten Gesetzmäßigkeiten, die Goethe als das Urphänomen erkannte. In dem Zusammenspiel von Licht und Finsternis leuchten die Farben auf.

Nach einer kurzen, aber kostbaren Aussage Rudolf Steiners liegt das Urphänomen auch der Entstehung des Regenbogens zugrunde. Wenden wir uns also zunächst dem Urphänomen zu.

„Wenn man aber verbinden wollte heutige wirkliche Wissenschaft mit okkulten Prinzipien, dann müßte man gerade heute für die Goethesche Farbenlehre eintreten."
GA 142, Vortr. v. 29. 12. 12

Rudolf Steiner

Goethes Urphänomen

„Meine Farbenlehre ist so alt wie die Welt und wird auf die Länge nicht zu verleugnen und beiseite zu bringen sein."

Goethe

Die Behauptung, daß die Farben „Taten und Leiden des Lichtes" sind, daß sie aus dem Zusammenspiel von Licht und Finsternis entstehen, wird dem Laien zunächst ganz unverständlich sein. Vielleicht können wir uns aber schon ein wenig zum Verständnis dafür vorbereiten, wenn wir uns die Farben anschauen in bezug auf ihre Helligkeitswerte und sie dadurch in Beziehung setzen zu Licht und Finsternis. Gelb ist die hellste aller Farben, Blau die dunkelste. Gelb ist „die nächste Farbe am Licht", Blau ist „die nächste Farbe an der Finsternis". Die übrigen Farben stellen Zwischenstufen der Helligkeit dar zwischen Licht und Finsternis; deshalb bezeichnet Goethe die Farbe als ein „Schattiges" mit dem griechischen Wort „Skieron". (Wir brauchen nur an eine Schwarz-Weiß-Photographie zu denken, die getreulich die ganze Farbenwelt in allen Schattierungen von Grautönen bis zum extremen Schwarz und Weiß wiedergibt.)

Aber wie entsteht nun die Farbe? Wodurch entstehen Rot und Gelb, wodurch Blau und Violett? Damit kommen wir zu Goethes „Urphänomen", das besagt:

Licht durch Dunkelheit ist rot,
Finsternis durch Licht ist blau.

Das ist nicht etwa eine Theorie, die Goethe aufgestellt hat, sondern das Gesetz, das Goethe gefunden hat, das Goethe an den Phänomenen abgelesen hat. Daher ist es keineswegs eine Überheblichkeit, wenn er das stolze Wort ausspricht: „Meine Farbenlehre ist so alt wie die Welt und wird auf die Länge nicht zu verleugnen und beiseite zu bringen sein."[18] Das Gesetz besteht seit der Erschaffung der Welt; Goethe hat es nur erkannt und ausgesprochen. *Die Phänomene selbst sind die Lehre.*

Die Meinung Goethes über seine Farbenlehre kommt auch in einem anderen stolzen Wort zum Ausdruck, das uns Eckermann überliefert hat:

„Auf alles, was ich als Poet geleistet habe, bilde ich mir gar nichts ein. Es haben treffliche Dichter mit mir gelebt, es lebten noch trefflichere vor mir, und es werden ihrer nach mir sein. Daß ich aber in meinem Jahrhundert in der schwierigen Wissenschaft der Farbenlehre der einzige bin, der das Rechte weiß, darauf tue ich mir etwas zugute, und ich habe daher ein Bewußtsein der Superiorität über viele."

(Goethe hat auch das Wort geprägt: „Eigenlob – nur dem Neide stinkt's!" – Eine gesunde Einschätzung der eigenen Leistung hält Goethe als durchaus für berechtigt!)

Eckermann berichtet am 18. 2. 1829 von einem Gespräch über das Urphänomen: „Das Höchste, wozu der Mensch gelangen kann, ist das Erstaunen; und wenn ihn das Urphänomen in Erstaunen setzt, so sei er zufrieden; ein Höheres kann es ihm nicht gewähren, und ein Weiteres soll er nicht dahinter suchen; hier ist die Grenze. Aber den Menschen ist der Anblick eines Urphänomens gewöhnlich noch nicht genug, sie denken, es müsse noch weiter gehen, und sie sind den Kindern ähnlich, die, wenn sie in einen Spiegel geguckt, ihn sogleich umwenden, um zu sehen, was auf der anderen Seite ist."

Rudolf Steiner führt in einer Anmerkung zum Urphänomen aus[19]: „Alle jene Urphänomene, die durch eine Änderung der Bedingungen sich nur unwesentlich verändern und einen verwandten Zug zeigen, weisen uns auf ein Grund- und Urphänomen hin, das ihnen allen zugrunde liegt und in dem sich ein Naturgesetz ausspricht. Keine Naturerklärung kann als solche über die Urphänomene hinausgehen. Es ist ein großer Irrtum, wenn man glaubt, die Urphänomene beweisen oder weiter erklären zu können... Man sollte daher die tiefsinnige Erfassung der Natur durch Goethe nicht fortwährend als Dilettantismus ansehen, während sie sich von der modernen Naturwissenschaft gerade durch die streng philosophische Begriffsfassung und Methode auszeichnet."

Das Urphänomen offenbart sich in unendlich vielen Naturerscheinungen und Gelegenheiten des täglichen Lebens. Wir wollen es an einigen Beispielen erleben.

Das erhabenste Naturbeispiel ist vielleicht der rote Sonnenauf- und -untergang und der blaue Himmel. Wenn sich abends die Sonne zum

Horizont senkt, wird sie zunehmend roter, bis sie – bei günstigen atmosphärischen Bedingungen – purpurrot untergeht.

Wodurch entsteht die Rotfärbung? – Sie entsteht dadurch, daß die Sonne, indem sie sich zum Horizont heruntersenkt, durch immer dichtere „Schichten" der Atmosphäre scheint.

Die Atmosphäre ist durchsetzt von Staub und Wasserdunst. Diese stoffliche Substanz, diese stofflichen Partikel, sind in der Schicht direkt über der Erdoberfläche am dichtesten; mit zunehmender Höhe wird die Atmosphäre immer feiner und dünner. Dadurch ist bekanntlich die Lichteinstrahlung, z. B. im Hochgebirge, sehr viel intensiver als in der Ebene. Schon in ca. 10 000 m Höhe ist die Luft so dünn, daß der Mensch sich dort nur mit Sauerstoffapparaten aufhalten kann. Wenn die Sonne hoch am Himmel steht, durchquert sie mehr oder weniger steil alle „Schichten" der Atmosphäre; je schräger sie sich dem Horizont neigt, um so ausschließlicher bewegt sie sich durch den dichteren Teil der Atmosphäre, bis sie, wenn sie im Horizont steht, ausschließlich durch die allerdichteste Schicht direkt über dem Erdboden zu uns dringt. Es

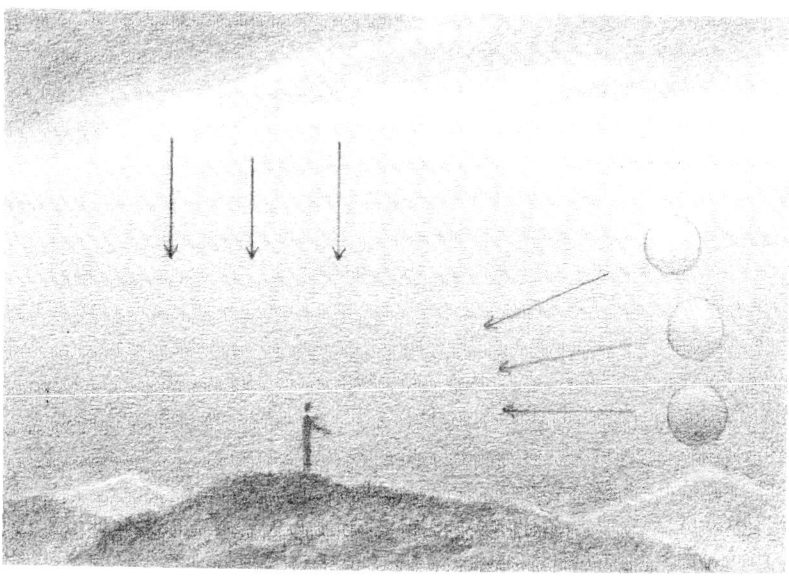

Abb. 5 Die Sonne sinkt in immer dichtere „Schichten" der Atmosphäre.

klingt zwar nicht sehr wissenschaftlich, aber es ist sehr anschaulich und entspricht durchaus auch dem Wesen des Vorgangs, wenn wir sagen: „Das Sonnenlicht wird rot vor Anstrengung." Es muß sich immer mehr anstrengen, durch die immer dichter werdende Atmosphäre – d. h. durch die zwar feinstverteilten, aber immer dichter werdenden stofflichen, materiellen Partikel der Atmosphäre – noch zu uns zu dringen. Die Sonne färbt sich – bei günstigen Bedingungen – erst zart gelblich, dann immer stärker orange und rötlich, bis sie schließlich im Horizont purpurrot aufglüht. Wir erleben buchstäblich vor unseren Augen die Auseinandersetzung, das Spiel, den Kampf des Lichtes mit dem Stoff, der Finsternis. Wir können sehr schön die gleitenden Übergänge der Rotfärbung beobachten, indem die Sonnenscheibe oft sogar am unteren Rand bereits dunkler ist als am oberen Rand. Auch gelegentliche Dunstwolken können sich als schmale, rotere Einlagerungen zeigen. Die „Taten und Leiden des Lichtes" spielen sich wortwörtlich vor unseren Augen ab, und zwar veranlaßt durch das Medium der Atmosphäre, das sich zwischen der Sonne und dem Auge des Beobachters ausbreitet. Goethe hat für dieses Medium einen neuen wissenschaftlichen Begriff geprägt, nämlich „das trübe Mittel" oder kurz „die Trübe". Goethe nennt die Trübe „eine durchsichtige Raumerfüllung". Sie hat also ihrer inneren Beschaffenheit nach sowohl Anteil am Licht als auch an der Finsternis (an der Materie in Gestalt der stofflichen Partikel). Sie ist sozusagen ein vermittelndes Element zwischen Licht und Finsternis.

Wir erleben aber nicht nur das Urphänomen, in dem die Sonne die verschiedenen „Schichten" der Atmosphäre durchwandert, sondern es kann auch vorkommen, daß gleichzeitig das Urphänomen am oberen Rand der Atmosphäre rot und gelb aufleuchtet. Das kann in dunstigen Gegenden der Fall sein. Die Atmosphäre kann so dicht sein, daß sie sich wie eine unbewegte, graue Wand am westlichen Abendhimmel aufbaut. Die Sonne ist dann als rote Scheibe, ohne alle Strahlkraft in der grauen Fläche zu sehen. Sie, die auf ihrer ganzen Himmelsbahn uns ihren Anblick durch ihren gleißenden Strahlenglanz verwehrt, gibt sich nun unter dem Schutz der atmosphärischen Schleier den Menschenaugen preis. Wir können sie ohne alle Scheu „Auge in Auge" anschauen. Und ebenso, wie eine Majestät nicht ohne Gefolge auftritt, so huldigen ihr die Farben von dem weiten Rund der atmosphärischen Wand mit einem rot-gelben Lichtsaum.

Wir können den Sonnenauf- und -untergang sehr schön in einem auffallenden Versuch mit unglaublich einfachen Mitteln darstellen: mit Pergamentblättern (normales Butterbrotpapier – also ein ganz anderes trübes Mittel!) und einer Taschenlampe. In einem abgedunkelten Raum halten wir erst ein, dann immer mehr Blättchen Pergamentpapier vor eine Taschenlampe. Wir erleben zu unserer Überraschung bei diesem so einfachen Versuch ebenfalls den begeisternd schönen Vorgang der Steigerung vom zartesten Gelb bis zum Purpurrot.

Was wir hier nachvollziehen, ist also der Prozeß der „Steigerung". Wir kommen damit zu einem der wichtigen Begriffe von Goethes Farbenlehre. Es ist für Goethe ein Prozeß der „In-sich-selbst-Drängung, Sättigung, indem wir durch Vermehrung der Trübe einen leuchtenden Gegenstand vom leisesten Gelb bis zum höchsten Rubinrot steigern können."[20] Und Goethe fügt in dem folgenden Paragraphen hinzu: „Es ist eine der wichtigsten Erscheinungen der Farbenlehre, indem wir ganz greiflich erfahren, daß ein quantitatives Verhältnis einen qualitativen Eindruck auf unsere Sinne hervorbringe." In dem letzten Kapitel werden wir nochmals auf den Begriff der Steigerung zurückkommen und ihn auch in der Darstellung von Goethes Farbkreis wiederfinden.

Wir haben bisher zwei trübe Mittel kennengelernt, die Atmosphäre und die Pergamentblätter.

Bevor wir noch weitere trübe Mittel kennenlernen, soll zunächst die zweite Frage unseres Beispiels für das Urphänomen besprochen werden: „Warum ist der Himmel blau?" Wie stellt sich in diesem Falle die Auseinandersetzung von Licht und Finsternis dar?

Der Weltenraum über uns ist auch am hellen Tag finster. Es ist ein Irrtum zu glauben, daß der ganze, von der Sonne durchstrahlte Raum unseres Planetensystems hell wäre (siehe Abb. 6). Sichtbares Licht entsteht erst am Stoff, wie er z. B. in unserer Atmosphäre vorhanden ist. Erst in unserer Erdatmosphäre trifft das Sonnenlicht auf feinstverteilte, stoffliche Substanz. Diese reflektiert das Sonnenlicht tausendfältig in alle Richtungen und bewirkt damit das helle Tageslicht. Es ist eine äußerst geheimnisvolle Sache, daß das Licht den Widerstand des Stoffes, der

---

Abb. 5a: (Aquarell) Das Urphänomen gleich zweimal: in der Sonnenscheibe und in dem leuchtenden Saum der unbewegten, grauen Atmosphäre.

Materie braucht, um hell zu werden, um aufzuleuchten. Wir werden noch mehrmals darauf zurückkommen. Die Lufthülle der Erde wird dadurch geradezu zu einer „sekundären Lichtquelle“[21], was von weitgehender Wirkung für alles Leben auf der Erde ist; denn es ist dadurch auch in denjenigen Bezirken hell, die nicht unmittelbares Sonnenlicht empfangen, wie z. B. in engen Gebirgstälern, an schroffen Nordhängen, oder auch in Zimmern, die zur sonnenabgewandten Seite liegen. Der Segen des Tageslichtes ermöglicht auch in den engen Gebirgstälern und an schroffen Nordhängen pflanzliches und tierisches Leben. Sorgar den Zustand der Morgen- und Abenddämmerung verdanken wir dieser Tatsache. Die Sonne steht in beiden Fällen noch unter dem Horizont. Ihr Licht strahlt jedoch immer näher über uns hinweg in die Atmosphäre, die es zu uns herunter reflektiert. Die Dämmerung ist Helligkeit, die der Nacht abgerungen ist durch die wunderbare Fähigkeit der Atmosphäre, das Licht reflektieren zu können, denn in der Dämmerung steht die Sonne, wie bereits gesagt, – noch oder schon – unter dem Horizont. Auf dem Mond, der bekanntlich keine Atmosphäre hat, gibt es keine Dämmerung, sondern nur gleißendes Licht und schwarze Nacht.

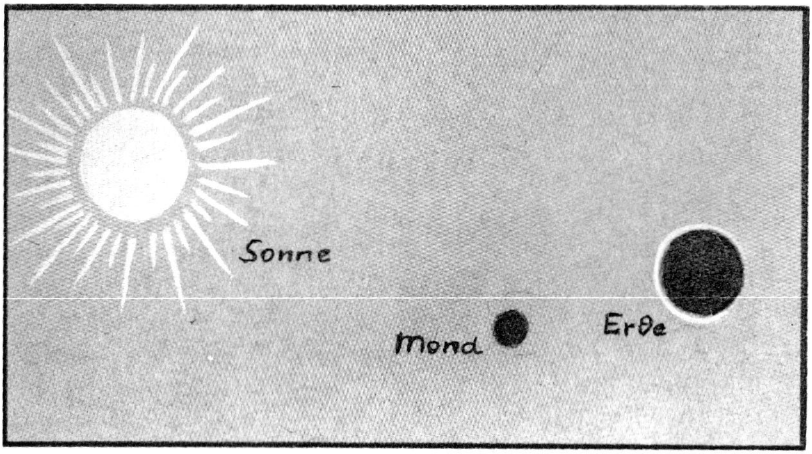

Abb. 6 Die Erde mit ihrer durchlichteten Atmosphäre im dunklen Weltenraum: wie ein blauer Saphir auf schwarzem Samt.

Je tiefer die Sonne unter den Horizont sinkt, um so dunkler wird die Dämmerung. Es gibt drei Stufen der Dämmerung:

die bürgerliche Dämmerung (bei 6,5°),
die nautische Dämmerung (bei 12°) – nicht abgebildet,
die astronomische Dämmerung (bei 16°)

Vom Flugzeug aus, in 10 000 m Höhe, kann man das faszinierende Bild des Erdschattens bei Sonnenuntergang unmittelbar von oben anschauen.

Wenn wir also am hellen Tage zum Himmel schauen, so sehen wir in die Finsternis des dunklen Weltenraumes (Abb. 6). Oberhalb unserer Atmosphäre beginnt die Finsternis. Unser Blick geht also durch das Licht unserer Atmosphäre in die Finsternis. Die Finsternis wird gleichsam aufgehellt durch die durchlichtete Atmosphäre. Aufgehellte Finsternis aber ist blau. Daher sehen wir den Himmel blau.

Ebenso wie also in dem einen Falle Rot entsteht, wenn wir in das Licht (die Sonne) sehen durch die Finsternis hindurch (die Atmosphäre), so entsteht in dem anderen Falle Blau, wenn wir in die Finsternis sehen durch das Licht hindurch (ebenfalls die Atmosphäre). Die Atmosphäre

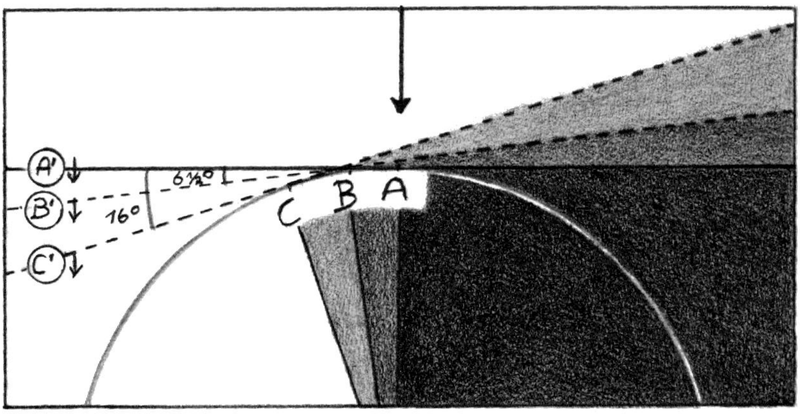

Abb. 7 Wenn die Sonne in Richtung A′ steht, so geht für A die Sonne gerade unter, und die bürgerliche Dämmerung beginnt.
Wenn die Sonne in Richtung B′ steht, so geht für B die Sonne gerade unter, und für A beginnt die Zeit der astronomischen Dämmerung.
Wenn die Sonne in Richtung C′ steht, so beginnt für A die Nacht.

ist eben dunkel in bezug auf die Sonne und hell in bezug auf den dunklen Weltenraum; es ist relativ. An diesem Beispiel bewahrheitet sich die eingangs zitierte Aussage Rudolf Steiners über das Urphänomen: Licht durch Dunkelheit ist rot, Finsternis durch Licht ist blau.

Es sei uns erlaubt, diese „Faustregel" Rudolf Steiners der Deutlichkeit halber durch den Goetheschen Begriff der Trübe umzuwandeln; und wir bekommen die neue Formel:

> Licht, durch die Trübe gesehen, ist rot,
> Finsternis, durch die Trübe gesehen, ist blau.

Dieser Tatbestand wird bekanntlich auch mit den Worten ausgedrückt:

> Rot ist abgedämpftes Licht,
> Blau ist aufgehellte Finsternis.

Das sind die Formeln für Goethes Urphänomen in seiner doppelten Gestalt, in denen sich eine gewisse Gesetzmäßigkeit des Verhältnisses von Licht und Finsternis ausdrückt, mit der Wirkung der Farbentstehung. – Wir werden jedoch die Aussagen dieser bestechend klaren und einfachen Formeln in einem späteren Kapitel ein wenig einschränken müssen.

Die Atmosphäre ist das „trübe Mittel", „die durchsichtige Raumerfüllung", welches – je nach dem, ob wir das Licht oder die Finsternis zum Hintergrund haben – die rote oder die blaue Farbe bewirkt.

Diesen beiden Beispielen für das Urphänomen können unendlich viele Beispiele hinzugefügt werden; einige mögen hier folgen:

Die leuchtende Kerzenflamme ist gelblich-rötlich; aber unterhalb der leuchtenden Flamme ist ein Dunst, der meistens gar nicht zu sehen ist, der aber, wenn wir die Kerze vor einen dunklen Hintergrund halten, blau aussieht.

Wir können das Urphänomen erleben an einem Kartoffelfeuer auf dem Felde. Der aufsteigende Rauch sieht blau aus, wenn er einen dunklen Wald zum Hintergrund hat; er sieht rot-braun aus, wenn wir das Feuer umwandern und den hellen Horizont zum Hintergrund haben.

Die Farben des Rauchs sind so auffallend verschieden, daß man meint, es könnte gar nicht derselbe Rauch sein.

Auch die blauen Früchte, Waldbeeren, Pflaumen, Weintrauben, sind Beispiele für das Urphänomen. Die Früchte sind mit einem mehr oder weniger feinen Film überzogen, der den Grad der Blaufärbung bestimmt. Reibt man den Film vorsichtig ein wenig ab, so ist die Stelle darunter dunkel. Der dünne Film hellt die Dunkelheit auf zu Blau.

Einen besonders schönen Versuch[22] gibt Goethe an mit einem Opalglas. Man kann damit – je nach der Dicke des Glases – das Licht vom hellsten Gelb bis zum tiefsten Purpur erleben. Wenn man es dagegen auf eine dunkle Fläche legt, ist es blau.

Nicht so leuchtend, aber im Prinzip durchaus erkennbar, können wir das Urphänomen auch an Skobalithplatten[23] oder ähnlich getrübten Platten erleben. Richten wir den Blick durch eine solche Scheibe auf eine Lichtquelle, so sehen wir mit einem Schlage die beiden Prinzipien des Urphänomens gleichzeitig nebeneinander: die Lichtquelle selbst bekommt die Nuancierung zum Rötlich-Bräunlichen in der Mitte der Scheibe, und ringsherum ist alles bläulich.

Nachdem die Reihe der Beispiele mit der roten Sonne begonnen hat, möge die Erde selbst, als „der blaue Planet", den Schluß bilden. Der Erdkörper selbst ist dunkel, jedoch ist er von der durchlichteten Atmosphäre umgeben wie von einem dünnen Film. Vom Mond her schauten die Astronauten durch die erhellte Erdatmosphäre auf den dunklen Planetenkörper. Auch hier dasselbe Gesetz: die Dunkelheit wird aufgehellt zu Blau, und es bietet sich den Astronauten ein zauberhafter Anblick: die Erde „wie ein Saphir auf schwarzem Samt von der durchlichteten Atmosphäre umgeben, die sich ausnimmt wie ein feiner, dünner Film um die ganze Erde herum." – Unsere Erde wie ein leuchtender Edelstein in der Finsternis des Weltalls! So zieht der Erdenstern einsam leuchtend seine Bahn, und kein Menschenauge kann sich dieses Anblicks erfreuen (Abb. 6).

Die Reihe der Beispiele für das Urphänomen ließe sich beliebig fortsetzen. Ein besonderes Beispiel soll jedoch im nächsten Abschnitt eingehender dargestellt werden: die Farbentstehung durch das Urphänomen beim Prisma, weil dieses Beispiel für das Verständnis der Entstehung der Farben im Regenbogen eine gute Voraussetzung schafft.

Kann es uns nicht mit der größten Ehrfurcht erfüllen, wenn wir dasselbe Gesetz in der ganzen Schöpfung wiederfinden, von der kleinen, blauen Beere bis zur Erde als dem blauen Planeten? In den „Gesprächen mit Goethe" berichtet Eckermann, daß sie von der hohen Bedeutung der Urphänomene gesprochen hatten und daß man hinter ihnen „unmittelbar die Gottheit zu gewahren glaube".

Rudolf Steiner äußert sich zum Urphänomen[24]: „Dies ist Goethes eigenartige Anschauungsweise, die sich wohl am besten als empirischer Idealismus kennzeichnen läßt. Sie kann mit den Worten zusammengefaßt werden: Den Dingen einer sinnlichen Mannigfaltigkeit, soweit sie gleichartig sind, liegt eine geistige Einheit zugrunde, die jene Gleichartigkeit und Zusammengehörigkeit bewirkt."

Und in seiner Farbenlehre stellt Goethe die Betrachtung an[25]: „Wäre denn aber auch ein solches Urphänomen gefunden, so bleibt immer noch das Übel, daß man es nicht als ein solches anerkennen will; daß wir hinter ihm und über ihm noch etwas Weiteres aufsuchen, da wir doch hier die Grenze des Schauens eingestehen sollten. Der Naturforscher lasse die Urphänomene in ihrer ewigen Ruhe und Herrlichkeit dastehen, der Philosoph nehme sie in seine Region auf, und er wird finden, daß ihm nicht in ... Meinungen und Hypothesen, sondern im Grund- und Urphänomen ein würdiger Stoff zu weiterer Behandlung und Bearbeitung überliefert werde."

In Goethes „Sprüche in Prosa" finden wir diesen Gedanken nochmals in eine besonders schöne Form gekleidet:

> „Das schönste Glück des denkenden Menschen ist es, das Erforschliche erforscht zu haben, und das Unerforschliche ruhig zu verehren."

In Goethe sind der Naturforscher und der Philosoph und Dichter in einer Person vereinigt. Aber gerade dadurch ist es möglich, daß sich in Goethes Farbenlehre die heute getrennten Gebiete von Wissenschaft, Kunst und Religion wieder zusammenschließen. Was in unseren Augen ein überragender Vorzug ist, macht die Schulphysik ihm zum Vorwurf, denn dadurch unterscheidet er sich eben von einem „zünftigen Physiker“! Die Farbenlehre Goethes steht gleichsam repräsentativ für den von Rudolf Steiner geprägten Begriff „*Goetheanismus*“.

„Wir sehen, wie sich wiederum Geister finden, die nun einen Zusammenfluß von Glauben und Wissen suchen, die in einer wissenschaftlichen Vertiefung wiederum das Göttliche zu erkennen suchen, und die da suchen, in dem Gott alles so klar und sicher zu fassen, daß es wieder wissenschaftlicher Gedankenform zugänglich ist. Ein Typus eines solchen Denkens und Anschauens ist Goethe, bei dem tatsächlich Religion, Kunst und Wissenschaft in eines zusammenfließen."
GA 105, Vortr. v. 16. 8. 08

Rudolf Steiner

Das Urphänomen beim Prisma

Die prismatischen Farben sind außerordentlich verwandt mit den Farben des Regenbogens. Sie gehören beide in die zweite Abteilung, die Abteilung der „Physischen Farben“ von Goethes Farbenlehre. Sowohl dem Prisma als auch dem Regenbogen liegt das Urphänomen zu Grunde, denn auch der Regenbogen ist ein Refraktionsfall. Der Vorgang ist jedoch beim Prisma leichter zu überschauen, so daß die prismatischen Versuche die beste Vorbereitung sind für das Verständnis des Regenbogens.

Die erste, fundamentale Feststellung, die Goethe machte, als er durch die geliehenen Prismen des Hofrats Büttner aus Jena schaute, war, daß eine Grenze notwendig ist, damit Farben entstehen können. Goethe schaute „zufällig“ auf eine weiße Wand und hatte erwartet, daß sie nun in Farben aufleuchten würde, denn er hatte als Schüler die Newton'sche Theorie gelernt, daß das Prisma das Licht in die Spektralfarben zerlegt. Aber die weiße Wand blieb zu seiner Überraschung weiß. Er erkannte intuitiv, daß mit der Newton'schen Lehre etwas nicht stimmte, und daß eine Grenze notwendig ist, damit Farben entstehen können. An den Kanten aller Dinge, an Schränken, Türen, Fenstern, Bäumen, Wolken, ja an der zarten Schattengrenze zwischen Zimmerdecke und Wand entstehen Farben, und zwar – wenn wir das Prisma waagerecht halten – an den Ober- und Unterkanten.

Wordurch entstehen Farben an den Grenzen? Das ist aber gleichbedeutend mit der Frage: Wie finden wir das Urphänomen beim Prisma?

Zunächst stellen wir fest, daß mit jeder Grenze ein Hell-Dunkel-Kontrast gegeben ist. Auch die farbigen Gegenstände haben bestimmte Helligkeitswerte, bzw. Dunkelheitswerte, weshalb ja – worauf schon auf S. 32 hingewiesen wurde – z. B. die Schwarz-Weiß-Photographie überhaupt nur möglich ist. Je stärker nun beim Prisma der Kontrast an der Grenze ist, umso kräftiger, ja greller sind die Farben. Darum nehmen wir für die Versuche Karten mit Schwarz-Weiß-Motiven, weil der Kontrast hierbei am größten ist. Der Hell-Dunkel-Kontrast ist also ausschlaggebend für die Stärke, bzw. Intensität der Farbentstehung. Damit stoßen wir aber auf die allererste Voraussetzung für das Urphänomen: nämlich die Beziehung von Licht und Finsternis zueinander. Diese ist beim Prisma durch die Hell-Dunkel-Situation an der Grenze gegeben. Was für Vorgänge spielen sich an der Grenze ab?

Durch das Prisma wird bekanntlich das „Bild", d. h. alles, was wir anschauen, von der Stelle gerückt. Entweder – wenn wir die „brechende Kante" nach unten halten – wird alles nach unten gerückt, oder – wenn wir die „brechende Kante" nach oben halten – wird alles nach oben gerückt. Man könnte auch das Prisma senkrecht halten, und man würde alles entweder nach links oder rechts gerückt finden, jedenfalls *in Richtung der brechenden Kante*. Der Umgang mit dem Prisma wird als bekannt vorausgesetzt; der unerfahrene Leser wird bei Gelegenheit die Aussagen prüfen können.

Der Grund dafür, daß das Prisma alle Gegenstände aus ihrer Lage rückt, liegt in der Refraktion (Brechung), d. h. das Licht, das normalerweise geradlinig fortstrahlt, wird zu einer Richtungsänderung gezwungen, die von der Haltung des Prismas bestimmt wird, wie wir soeben gehört haben. Wir einigen uns auf die Haltung des Prismas, bei der die brechende Kante unten liegt und die Gegenstände nach unten gerückt werden. Goethe rechnete durchaus mit den Gesetzen der Refraktion, Reflexion und Diffraktion, worauf wir in einem späteren Abschnitt zurückkommen werden.

Die zweite wichtige Voraussetzung für die Farbentstehung nächst dem Hell-Dunkel-Kontrast ist die Unschärfe der Grenze. Die Unschärfe einer Grenze ist eine bekannte Erscheinung des täglichen Lebens; sie wird durch Diffraktion ausgelöst (Beugung). Die Grenze des Schattens, den z. B. unser Fuß wirft, ist direkt am Fuß scharf konturiert; mit zunehmender Entfernung wird die Grenze immer unschärfer, „verwischter", breiter. Die Grenze wird praktisch zu einer kleinen Zone, die immer breiter wird und die in ihrem Helligkeitswert dunkler ist als das Licht und heller als der dunkle Schatten (Abb. 8). Wir erleben die unscharfe Zone, die diffuse Grenze z. B. auch beim Projektionsapparat, die dann durch Einstellung wieder korrigiert werden kann. Mit der unscharfen Zone, dieser halbschattigen Zwischenzone zwischen Licht und Finsternis, ist der eigentliche Ort der Farbbildung gegeben. Hier herrschen ideale Bedingungen für die Entstehung der Farben. Ist doch die Farbe selbst im Sinne Goethes ein „Skieron", ein „Schattiges", wie wir schon auf S. 32 hörten, und hat daher eine starke Verwandtschaft zu halbschattigen Bereichen, in denen Licht und Finsternis miteinander „raufen". Wir können schon ahnen, daß sich in dieser Zone vielfältige Prozesse überlagern und durchdringen.

Eine dritte Voraussetzung für die Farbentstehung ist *die Richtung* der Brechung. Damit stoßen wir unmittelbar zu dem Prozeß der Farbbildung vor. In den Abbildungen 9a, 9b und 9c sind die verschiedenen Möglichkeiten für die Situation an der Grenze dargestellt. Die drei Voraussetzungen für die Farbentstehung beim Prisma seien hier nochmals zusammengefaßt:

1. eine Grenze zwischen Licht und Finsternis,
2. die unscharfe, diffuse, halbschattige Zone dieser Grenze, die bei zunehmender Entfernung immer breiter wird,
3. die Richtung der Brechung.

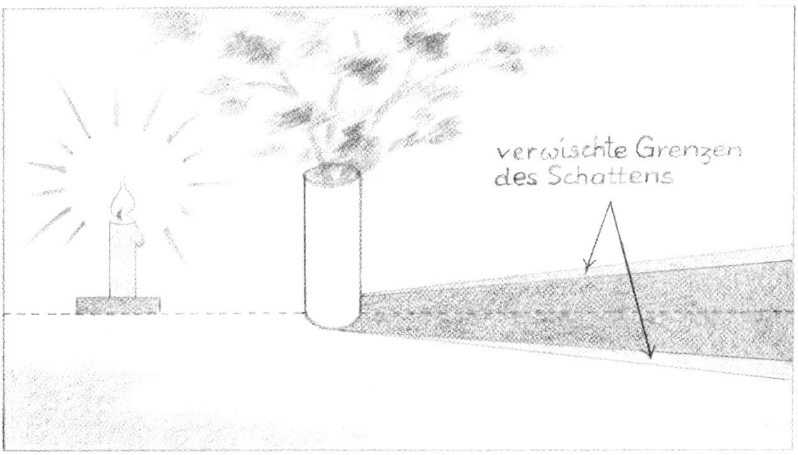

Abb. 8 Die Grenzen eines Schattens werden mit zunehmender Entfernung immer unschärfer und breiter und bilden gleichsam eine halbschattige Zone.

Beginnen wir mit der Abbildung 9a. Die Situation an der Grenze ist so, daß wir oberhalb der Grenze Dunkelheit haben und unterhalb Helligkeit. Durch das Prisma wird das ganze Bild nach unten gerückt, d. h. es wird ein dynamischer Prozeß in Gang gesetzt, in der Richtung von oben nach unten, wodurch sich in der halbschattigen Grenzzone von oben her Dunkelheit über die Helligkeit wirft, und zwar in unterschiedlicher Stärke; es ist leicht einzusehen, daß sich zunächst der Grenze die Dunkelheit stärker überlagert und sich im weiteren Verlauf abschwächt. Es entsteht also direkt unterhalb der Grenze eine stärkere Überlagerung der Dunkelheit, die alsbald schwächer wird. Wir schauen also auf das Weiß durch Dunkelheit hindurch. Damit sind wir aber bei dem Urphänomen, wie wir es beim Sonnenauf- und -untergang kennen gelernt haben: Es entsteht Rot bei dem dichteren Teil der Überlagerung zunächst der Grenze und darunter Gelb bei dem dünneren Teil der Überlagerung: Wir sehen an dieser Grenze die Farben Rot und Gelb. (Abb. 9a).

Abb. 9b zeigt die umgekehrte Situation an der Grenze: Wir haben oberhalb Weiß und unterhalb Schwarz. Es wirft sich diesmal Licht über Dunkelheit. Es ist dieselbe Situation wie bei dem blauen Himmel, wir sehen auf die Dunkelheit durch das Licht hindurch und sehen Blau/Violett.

Der Versuch 9c faßt die beiden Versuche 9a und 9b zusammen: Wir haben ein weißes Bild vor uns, das oben und unten von Schwarz begrenzt ist. An der oberen Grenze des Bildes erscheinen die Farben Rot/Gelb, an der unteren Grenze erscheinen Blau/Violett.

Es sei nochmals hervorgehoben, daß sich bei den prismatischen Versuchen je nach Grenzsituation zwei verschiedene Farberscheinungen ergeben: Rot/Gelb oder Blau/Violett. Man spricht von polaren Kantenspektren. – Man kann nur staunen, daß man bei den prismatischen Versuchen zu demselben Urphänomen kommt, wie bei dem roten Sonnenauf- und -untergang einerseits und dem blauen Himmel andererseits.

Wir können nun den letzten Schritt tun und mit dem Prisma das Regenbogenspektrum erzeugen, indem wir das weiße Feld so schmal machen, daß sich Gelb (von oben) und Blau (von unten) zum Teil überlagern; sodann entsteht in der Mitte Grün. (Abb. 10) Die grüne Farbe ist bei den prismatischen Versuchen also nicht von vornherein gegeben,

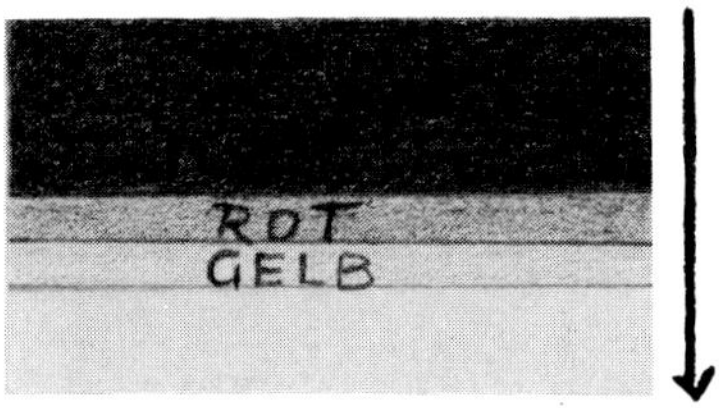

Abb. 9a Grenze zw. Schwarz u. Weiß: oberhalb Schwarz / unterh. Weiß. Es „vibriert“ Schwarz über Weiß: Es entsteht Rot/Gelb.

Abb. 9b Grenze zw. Schwarz u. Weiß: oberhalb Weiß / unterh. Schwarz. Es „vibriert“ Weiß über Schwarz: Es entsteht Blau/Violett.

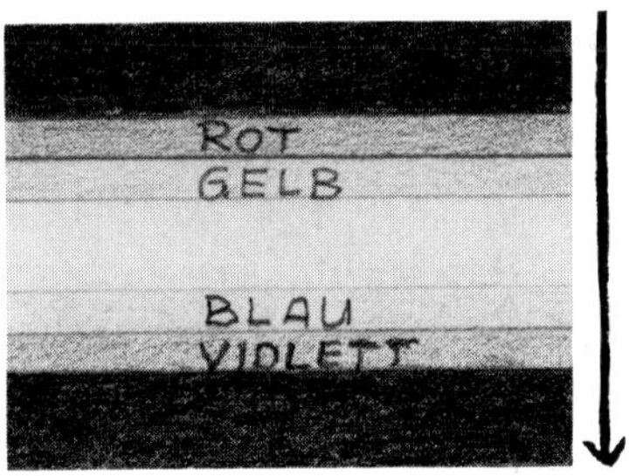

Abb. 9c Ein weißes Bild mit e. oberen und unteren Grenze, entsprechend den beiden Abb. 9a und 9b.

Abb. 10 Das Regenbogenspektrum. Das weiße Feld auf schwarzem Grund ist so schmal, daß sich Gelb und Blau z. T. überlagern und Grün entsteht.

Die Pfeile geben die Richtung der Brechung an!

sondern ein Spezialfall, eine sekundäre Erscheinung. Erst wenn das weiße Feld so schmal ist, daß sich Gelb und Blau zum Teil überlagern, entsteht Grün als Mischfarbe von Gelb und Blau.

Hier wollen wir einen kurzen Seitenblick auf die Theorie Newtons tun, denn die Entstehung des Grünen ist ein bedeutender Streitpunkt im Kampf der Geister zwischen der Newton'schen Theorie und Goethes Lehre. Nach Newton's Theorie ist die grüne Farbe bei den prismatischen Versuchen von vornherein als primäre Spektralfarbe gegeben. Newton hatte diesen Versuch bekanntlich in der dunklen Kammer ausgeführt und das Licht durch einen kleinen Spalt im Fensterladen auf ein Prisma fallen lassen und das Farbenspektrum auf einem Schirm aufgefangen. Weil das Loch im Fensterladen so klein war, mußten sich Gelb und Blau überlagern und es mußte Grün entstehen. Newton hat also irrtümlich diesen Spezialfall zum allgemeinen Gesetz erhoben. „Es hatte ein großer Mathematiker die Farbenlehre bearbeitet, und da er sich als Physiker geirrt hatte, bot er die ganze Kraft seines Talents auf, um diesem Irrtum Konsistenz zu verschaffen".[26]

Newtons Veranlassung, die Entstehung der prismatischen Farben zu erforschen, war dadurch gegeben, daß gewisse Farbränder der Linsen bei der Verbesserung des Fernrohrs die Abbildungsgüte beeinträchtigten.

Goethes Veranlassung, das Farbenstudium aufzunehmen, waren Fragen der Kunst, wie wir schon hörten; und das besondere Motiv, seine Farbenlehre gegen die Theorie Newtons so temperamentvoll zu verteidigen, finden wir in seinem schönen Wort:

> „Ich erkannte das Licht in seiner Wahrheit und Reinheit und hielt es meines Amtes, dafür zu streiten."[27]

„Es könnte der Fall eintreten," sagte Goethe, „daß der Verleger über eine gewisse Bogenzahl hinauszugehen Bedenken trüge, und daß demnach von dem mitteilbaren Material verschiedenes zurückbleiben müßte. In diesem Fall könnten Sie etwa den polemischen Teil der Farbenlehre weglassen. Meine eigentliche Lehre ist in dem theoretischen Teile enthalten, und da nun auch schon der historische vielfach polemischer Art ist, so daß die Hauptirrtümer der Newtonschen Lehre darin zur Sprache kommen, so wäre des Polemischen fast damit genug. Ich desavouiere meine etwas scharfe Zergliederung der Newtonschen Sätze zwar keineswegs, sie war zu ihrer Zeit notwendig und wird auch in der Folge ihren Wert behalten, allein im Grunde ist alles polemische Wirken gegen meine eigentliche Natur und ich habe daran wenig Freude."[28]

In dem § 176 seiner Farbenlehre faßt Goethe die Verwirrungen, die dadurch in die Naturlehre gekommen sind, wie folgt zusammen:

„In diesem Sinne halten wir den in der Naturforschung begangenen Fehler für sehr groß, daß man ein abgeleitetes Phänomen an die obere Stelle, das Urphänomen an die niedere Stelle setzte, ja sogar das abgeleitete Phänomen wieder auf den Kopf stellte und an ihm das Zusammengesetzte für ein Einfaches, das Einfache für ein Zusammengesetztes gelten ließ, durch welches Hinterstzuvörderst die wunderlichsten Verwicklungen und Verwirrungen in die Naturlehre gekommen sind, an welchen sie noch leidet."

Das angeblich Einfache, das in Wahrheit ein Zusammengesetztes ist, ist das Grün

das angeblich Zusammengesetzte, das in Wahrheit ein Einfaches ist, ist das Licht.

Damit wir sehen, wie entscheidend die Richtung der Brechung für die Farbentstehung ist, wollen wir noch den folgenden Versuch machen: Wir wollen die drei Versuche 9a, 9b und 9c in der Weise abändern, daß wir *die Richtung der Refraktion ändern*, indem wir das Prisma so halten, daß die brechende Kante nach oben weist. Die Refraktion geschieht dann *von unten nach oben*, wie in den Abbildungen 11a, 11b und 11c dargestellt ist.

Es entsteht an der Grenze in Abb. 11a Blau/Violett, weil sich von unten nach oben Weiß über das Schwarz wirft; wir sehen das Schwarz durch die Helligkeit hindurch und sehen Blau/Violett.

Man beachte also wohl, daß an derselben Grenzsituation wie in Abb. 9a nun das polare Farbenspektrum entsteht – nur durch die Tatsache, daß wir die Richtung der Brechung ändern. Ebenso verhält es sich bei dem folgenden Versuch:

An der Grenze in Abb. 11b entsteht Rot/Gelb, weil sich von unten nach oben Dunkelheit über die Helligkeit wirft; wir sehen Licht durch Dunkelheit hindurch, also Rot/Gelb.

Abb. 11c faßt die beiden Versuche 11a und 11b zusammen: wir haben ein weißes Bild, das oben und unten von Schwarz begrenzt ist, das jedoch so schmal ist, daß sich Gelb und Blau in der Mitte z. T. überlagern und Grün bilden. Es entsteht das Regenbogenspektrum *in umgekehrter Reihenfolge*. Auf dieses Spektrum werden wir zurückkommen, wenn von dem *Nebenregenbogen* die Rede ist.

Übrigens ist beim Regenbogen bekanntlich keineswegs immer die vollständige Farbskala zu sehen, so wie auch der runde Bogen keineswegs immer vollständig ist; handelt es sich doch bei diesem Naturgeschehen um eine äußerst bewegliche Kulisse mit ziehendem, unregelmäßigem Gewölk von verschiedenen Dunkelheitsgraden. Die Leuchtkraft

Abb. 11a zeigt die Grenzsituation wie 9a, jedoch Richtungsänderung! Es entsteht Blau/Violett

Abb. 11b zeigt die Grenzsituation wie 9b, jedoch Richtungsänderung! Es entsteht Rot/Gelb

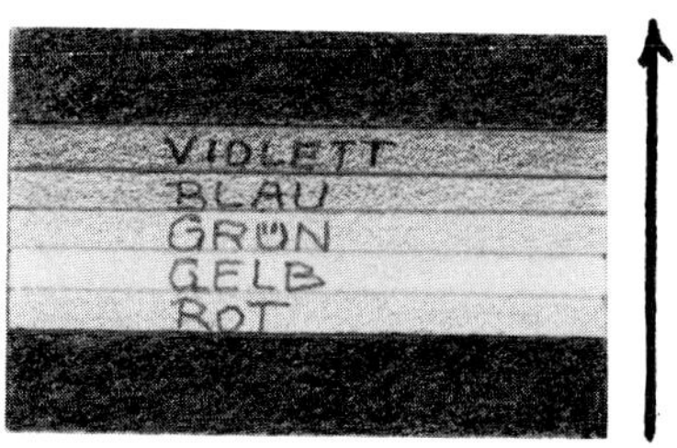

Abb. 11c Das Regenbogenspektrum in umgekehrter Reihenfolge!

Der Pfeil gibt die Richtung der Brechung an!

des Regenbogens kann sehr unterschiedlich sein, je nach der Dunkelheit der Wolkenwand; und wie oft regnet sich auch die Wolke ab vor unseren Augen und der Farbenbogen wird blasser, ganz oder teilweise, bis er zuletzt ganz vergeht.

„Dasjenige aber, was notwendig ist, das ist: in der Zukunft nicht in abstrakter Weise ein Materielles und ein Geistiges zu unterscheiden, sondern in dem Materiellen selber das Geistige zu suchen – daß man es beschreiben könne als das Geistige zugleich; und in dem Geistigen den Übergang ins Materielle, die Wirkungsweise im Materiellen zu erkennen . . . Das ist etwas, das mit allen Fasern des seelischen Lebens von den Menschen, die heute die Zeit verstehen wollen, aufgefaßt werden sollte.“
GA 194, Vortr. v. 30. 11. 19

Rudolf Steiner

Das Urphänomen beim Regenbogen

Endlich können wir uns dem Regenbogen selbst zuwenden. Der Regenbogen würde in die Abteilung der physischen Farben von Goethes Farbenlehre einzuordnen sein, da physische Bedingungen zu seinem Erscheinen notwendig sind. Wie bereits eingangs erwähnt, ging Goethe bei seinen Betrachtungen von der Schusterkugel aus, die die Phänomene des kleinen Wassertropfens vergrößert darstellt. Denn nach Goethes Feststellung ist „der Regenbogen ein Refraktionsfall und vielleicht der komplizierteste von allen, wozu sich noch Reflexion gesellt." Es war Goethe nicht beschieden, dem Geheimnis des Regenbogens auf die Spur zu kommen. Rudolf Steiner schreibt in einer Fußnote dazu[29]:

„Das Prinzip, das Goethe dabei [über die Entstehung des Regenbogens] zugrunde legte, war, Bedingungen herzustellen, die eine solche Komplikation der einfachen Farbenphänomene hervorbringen, daß das natürliche Phänomen des Regenbogens künstlich wiederholt erscheint. Er nennt das: die Beobachtung zum Versuch steigern. Das zusammengesetzte Phänomen erklären heißt, die Komplikation der einfachen Phänomene aufzeigen, aus denen es sich zusammensetzt. – Die Glaskugel ist der Repräsentant eines Regentropfens. Was in ihr vorgeht, muß auch im Tropfen vorgehen. Der Regenbogen ist die Summe aller von den einzelnen Regentropfen bewirkten Erscheinungen." Und weiter: „Der Regenbogen ist das Resultat der einzelnen Erscheinungen, die in den Regentropfen bewirkt werden. Das Licht muß durch den Tropfen gehen, d. i. es wird gebrochen (Refraktion), dann aber muß es, da wir zwischen der Sonne und dem Tropfen stehen, wieder zu uns zurückgelangen, also reflektiert werden."

Aber viele Jahre später gibt uns Rudolf Steiner noch eine andere Aussage zur Entstehung des Regenbogens und zwar in dem kurzen, aber sehr kostbaren Hinweis, daß auch dem Regenbogen das Urphänomen zugrunde liegt – und zwar mit folgenden Worten:[30]

„... Wenn man nämlich durchschaut durch den Regen auf der einen Seite, da sieht man durch den von der Sonne beleuchteten Regen die

Finsternis, sieht auf *der* Seite das Blau des Regenbogens. Dann sieht man aber auch vorne die Fläche, wo man Licht sieht durch die Dunkelheit durch, und sieht auf der anderen Seite das Rote. Also man muß alles nach dem einheitlichen Prinzip erklären:

Licht durch Dunkelheit ist rot.
Finsternis durch Licht ist blau."

Es liegen also zwei Aussagen Rudolf Steiners vor, die beide in Übereinstimmung gebracht werden müssen. Es hat sowohl die eine als auch die andere ihre Richtigkeit. Die Entstehung des Regenbogens ist tatsächlich ein äußerst komplizierter Prozeß. Versuchen wir zunächst, das Urphänomen im Regenbogen zu finden; dabei geht es zunächst um die Fläche des Regenbogens als solcher. Endlich bekommt unsere Frage nach dem Rätsel des Regenbogens eine konkrete Form.

Wir stellen uns so genau wie möglich die Situation vor, in der der Regenbogen erscheint. Es muß regnen und die Sonne muß scheinen. Damit sind die zwei Grundvoraussetzungen für die Farbentstehung gegeben: Licht und Finsternis. Wir finden den Regenbogen, wenn wir der Sonne den Rücken kehren; dann gibt unser eigener Schatten die Richtung an, in der wir den Scheitelpunkt des Regenbogens zu suchen haben. Denn der Regenbogen ist eine Lichterscheinung, die durch die Refraktion des Sonnenlichtes entsteht und sich daher symmetrisch zu der Achse Sonne-Haupt des Beobachters aufbaut.

Wir schauen gegen den dunklen Wolkenhimmel, der das landschaftliche Bild nach dieser Seite hin beherrscht. Vor dem dunklen angestrahlten Wolken-Hintergrund erhebt sich strahlend das majestätische Rund des Farbenbogens in der wohlbekannten Reihenfolge von oben nach unten Rot, Gelb, Grün, Blau, Violett.

Was für ein Weltenprozeß verbirgt sich da vor unseren Augen? Was erleben Licht und Finsternis miteinander? Welcher Art ist die Begegnung von Licht und Finsternis, daß nicht eine gleichgültige Vermischung in Grautönen stattfindet, sondern daß da Farben aufleuchten?

Abb. 12 Vor dem dunklen Hintergrund erhebt sich strahlend das majestätische Rund des Farbenbogens.

Da ist das über uns hinwegflutende Sonnenlicht, das von der dunklen Regenwand aufgehalten, ja, zu einer Richtungsänderung gezwungen wird; es wird in den Raum zurückgeworfen. Einen gewaltsamen Eingriff in das eigene Wesen muß das Licht erleben. Es liegt in seiner Natur, in gerader Richtung fortzustrahlen; nun wird es seines Wesens beraubt, es kann seinen Weg nicht fortsetzen, wird zur Umkehr gezwungen. Ein wahrhaft dramatischer Vorgang. Die angestrahlte Regenwand leuchtet auf, indem sie das Licht reflektiert und in unser Auge wirft.

Lassen wir zunächst noch die Farben aus dem Spiel, und sehen wir zunächst auch von dem weiten, runden Bogen ab. Betrachten wir vielmehr zur Erleichterung unserer Vorstellung zunächst nur die oberste Zone des Regenbogens, die Scheitelzone, denn was für diese Zone gilt, gilt auch für den ganzen Bogen. Warum?

Es ist eine merkwürdige Tatsache, daß der Regenbogen nur unter einem bestimmten Winkel, nämlich dem von 42°, zu sehen ist. Zwar wird die ganze Regenwolkenwand von der Sonne beschienen, aber merkwürdigerweise ist alles in den Raum reflektierte Licht unsichtbar bis auf das Licht, das in unser Auge reflektiert wird. Das ist aber nur das Licht, das in einem Einfallswinkel von 42° reflektiert wird. Alles andere Licht sehen wir nicht. Aber alle Punkte, die diese Bedingung erfüllen, d. h., die das Licht im Winkel von 42° in unser Auge senden, liegen auf einem Kreisbogen. Darum ist der Regenbogen rund. Der Mittelpunkt dieses Kreises liegt auf der Achse, die von der Sonne durch das Haupt des Beobachters gegeben ist. In unserem Auge bündeln sich gleichsam alle Strahlen des Regenbogens. Unser Auge ist die Spitze eines strahlenden Lichtkegelmantels.[31] (Abb. 13).

Wir müssen uns darüber verständigen, daß wir sowohl das Wort „Lichtstrahl“ als auch das Wort „Scheitelpunkt“ vermeiden. Der in der Physik übliche Begriff „Lichtstrahl“ ist eine theoretische Hilfsbrücke – wie wir bereits eingangs festgestellt haben – die uns bestenfalls die Richtung des Lichtes anzeigt; der Begriff ist jedoch für den tatsächlichen Vorgang nicht anwendbar. Der reale Sachverhalt ist der, daß der Lichtstrahl immer eine gewisse Dicke, ein gewisses Volumen hat, so daß er auf der dunklen Wolkenwand nicht von einem Punkt, sondern von einer

---

Abb.13 Unser Auge ist die Spitze eines strahlenden Lichtkegelmantels

kleinen Fläche reflektiert wird. Daher sprechen wir nicht von dem „Scheitelpunkt", sondern von der „Scheitelzone".

Diese Scheitelzone wollen wir nun zur Verdeutlichung des Vorgangs zunächst ins Auge fassen. Sie ist somit ein kleines „Lichtbild" in der dunklen Regenwand. (Abb. 14). An diesem Lichtbild interessiert uns nur die obere und die untere Grenze, die beide von Dunkelheit gebildet werden, denn rechts und links findet der Regenbogen seine Fortsetzung.

Erinnern wir uns an die drei Bedingungen, die für das Zustandekommen des Urphänomens notwendig sind:

1. eine Grenze zwischen Licht und Finsternis,
2. die Unschärfe der Grenze,
3. die Richtung des Lichtes, das durch Spiegelung und Brechung eine Ablenkung erfährt.

An der oberen und unteren Grenze spielen sich nun die entscheidenden, farbbildenden Prozesse ab. Die Unschärfe der Grenze versteht sich von selbst. Die Richtung des Lichtes ist durch das einfallende Sonnenlicht gegeben, nämlich von oben nach unten. (Abb. 14) Nun gilt es, die Früchte unserer bisherigen Bemühungen zu ernten. Wir können eigentlich unmittelbar von der Abbildung ablesen, was für Farben an den Grenzen entstehen, da unser weißes Lichtbild an das weiße Bild unseres prismatischen Versuchs erinnert:

An der unteren Grenze verläßt das reflektierte Sonnenlicht die dunkle Regenwand und bewegt sich *vor* der Dunkelheit auf unser Auge zu: Wir sehen „Finsternis durch Licht" und sehen Blau/Violett.

An der oberen Grenze ist es tatsächlich nicht ganz so einfach. Es ist notwendig, daß wir uns klar machen, daß das auf die Regenwand heranflutende Sonnenlicht *nicht* leuchtet, sondern unsichtbar ist. „Sichtbares Licht entsteht erst am Stoff", haben wir bereits auf Seite 36 gehört. Man kann auch sagen: Das Licht ist so selbstlos, daß es unsichtbar bleibt – aber es läßt alle Dinge in Erscheinung treten. Es gehört zu den erstaunlichsten Tatsachen, daß z. B. eine Wassertonne – wenn wir mit einer Taschenlampe in eine dunkle Wassertonne hineinleuchten – dunkel bleibt; aber wenn Blätter darin herumschwimmen, so leuchten diese am Licht auf.

So läßt ja auch das von der Regenwand reflektierte Sonnenlicht nur denjenigen Teil für unser Auge aufleuchten, der unter dem Winkel von

42° unser Auge erreicht. Alles andere Sonnenlicht bleibt für unser Auge unsichtbar. Daher sehen wir tatsächlich an der oberen Grenze des Lichtbildes „Licht durch Dunkelheit“ – und wir sehen Rot/Gelb.

Am einfachsten können wir uns den Vorgang klar machen, wenn wir uns Abb. 14 anschauen. Der Pfeil gibt die Richtung des Sonnenlichtes an, und die erfolgt von oben nach unten. An der oberen Grenze wirft sich Dunkelheit über das Licht – wir sehen also das Licht durch die Dunkelheit hindurch (wie bei der untergehenden Sonne!) und sehen Rot/Gelb. An der unteren Grenze wirft sich Licht über die Dunkelheit – wir sehen durch das Licht hindurch in die Dunkelheit und sehen Blau/Violett (wie bei dem blauen Himmel!) Vergleichen Sie Abb. 14 mit dem prismatischen Versuch 9c, Seite 49.

Wir haben das Urphänomen im Regenbogen gefunden!

Und warum erscheint in der Mitte des Regenbogens Grün? Weil das Lichtbild, die kleine Zone in der Regenwolkenwand, die das Licht in unser Auge sendet, so schmal ist, daß sich Gelb von oben und Blau von unten z. T. überlagern und Grün bilden. So bildet sich, wie auch bei dem prismatischen Versuch in der Abb. 10 mit dem schmalen, weißen Feld – oder bei dem Versuch Newtons mit dem kleinen Loch in der Dunkelkammer – in der Mitte das Grün auch beim Regenbogen. Die Rolle, die das Prisma in dem Versuch Newton's spielt, übernimmt beim Regenbogen die rieselnde Regenwolkenwand, weil sie die Ablenkung des Lichtes bewirkt.

Es ergibt sich das vollständige Spektrum Rot, Gelb, Grün, Blau, Violett.

Es ist nun an der Zeit, daß wir die Vorstellung unseres kleinen Lichtbildes

Abb. 14 Die Scheitelzone des Regenbogens, ein kleines „Lichtbild“. Die obere und untere Grenze zeigen unscharfe Zonen. Der Pfeil gibt die Richtung der Brechung an.

auf den gesamten Regenbogen erweitern. Wie wir schon hörten, gilt alles, was für die oberste Zone des Regenbogens gilt, auch für den gesamten Bogen: Die Richtung des Lichtes bewegt sich überall radial von außen nach innen (Abb. 15), d. h., das von der Regenwand abgeleitete Licht bewegt sich von dem Regenbogen aus auf unser Auge zu, so daß tatsächlich unser Auge, wie wir bereits hörten, die Spitze eines strahlenden Farbenkegels ist.

Die schematische Abbildung der Seitenansicht macht den Weg des Lichtes deutlich. (Abb.16). Es ist allerdings eine rein theoretische Darstellung, denn man kann den Regenbogen niemals von der Seite sehen. Jedoch ist hier der Winkel des parallel einstrahlenden und des abgelenkten Lichtes, das sich als Farbenkegel in dem Auge des Beobachters bündelt, erkennbar.

Dieser, in Abb. 16 dargestellte Weg des Lichtes, wird tatsächlich bestimmt durch die Gesetze der Refraktion und Reflexion als Vorgänge in den einzelnen Regentropfen. Der Regenbogen ist tatsächlich „die Summe aller von den einzelnen Regentropfen bewirkten Erscheinungen", jedoch auf der Grundlage von Licht und Finsternis. Das Licht hat an der oberen Grenze des Regenbogens ein anderes Verhältnis zur Dunkelheit als an der unteren Grenze, eben im Sinne des Urphänomens. Die zwei

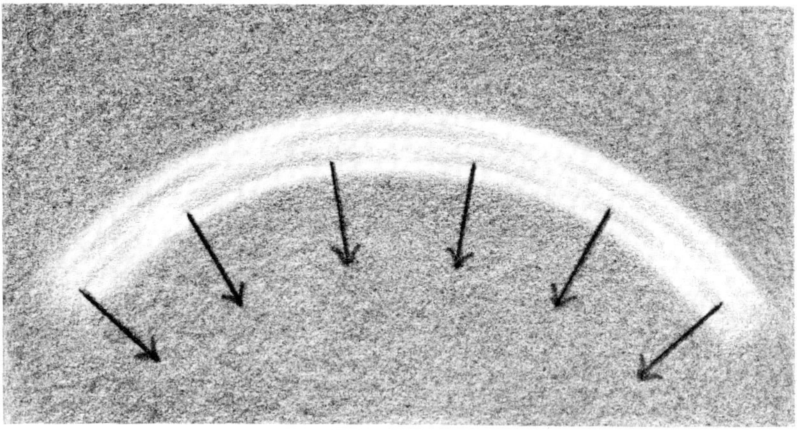

Abb.15 Die Richtung des abgelenkten Lichtes bewegt sich in Bezug auf den ganzen Bogen von außen nach innen.

eingangs zitierten Aussagen Rudolf Steiners sind durchaus vereinbar. Das ist umso bemerkenswerter, als die anthroposophisch orientierte Geisteswissenschaft die Aussagen der „Schulwissenschaft" keinesfalls grundsätzlich negiert, sondern um die geistigen Tatsachen erweitert; wie sich ja auch auf dem Gebiet der Medizin – wie bereits eingangs erwähnt – die anthroposophische Medizin als „Erweiterung der Heilkunst" versteht. Das Bedauerliche bei der materialistischen Denkweise ist eben, daß sie auf halbem Wege stehen bleibt und die Zusammenhänge mit den geistigen Tatsachen leugnet, sich also auf halbe Wahrheiten beschränkt.

Da nun die Regenwolkenwand in ihrer vollen Ausdehnung von der Sonne beschienen wird, kann man durchaus seinen Standort verändern, man kann wandern, herauf- oder herunterklettern – der Regenbogen begleitet den Menschen. Man kann mit dem D-Zug durch die Lande rasen – der Regenbogen begleitet den Zug, so lange nur die physischen Bedingungen währen, unter denen er zu sehen ist – der Regenbogen ist allgegenwärtig. Er wird in jedem Augenblick neu gebildet und bleibt dennoch die ruhevolle Erscheinung, „des bunten Bogens Wechseldauer", um nochmals an das geniale, sprachschöpferische Goethewort zu erinnern, das wir eingangs hörten. Und zwar gilt das für jeden Punkt dieses Raumes; denn der Sonnenschein bedarf keines zeitlichen Moments für unsere irdischen Verhältnisse; und die Prozesse der räumlichen, rieselnden Regenwolkenwand sind ebenfalls Gegenwart und von einer gewissen Dauer. Daher sind in jedem Punkt dieses Raumes effektiv alle Farberscheinungen in vollem Ausmaß vorhanden – und dennoch stört keine die andere. Wo auch immer Menschenaugen in diesen Raum treten, werden sie der Erscheinung ansichtig. Im Grunde genommen ist der ganze, weite, landschaftliche Raum farbendurchsprüht. „Ein flutendes Farbenmeer ist demnach der eigentliche Mutterschoß des Regenbogens, den wir erblicken."[32] Das Merkwürdige ist, daß wir alles das nicht sehen, sondern nur den Farbenbogen, den das Licht in unser Auge wirft.

Und noch eine Tatsache kann uns eigenartig berühren, die aber engstens mit diesem ganzen geheimnisvollen Prozeß zusammenhängt: daß jeder Mensch seinen eigenen Regenbogen sieht, so viele Menschen auch gleichzeitig dieselbe Erscheinung erleben – auch wenn sie noch so nahe beieinander stehen!

Jeder Mensch sieht seinen eigenen Regenbogen.

Der Regenbogen kann auch an Springbrunnen und sprühenden Wasserfällen erscheinen – nämlich wenn es die Lage erlaubt, daß wir zwischen dem Sprühen und der Sonne stehen können, wie z. B. bei den vielbesuchten Krimmler Wasserfällen im Pinzgau/Österreich.

Es ist dann meistens nur ein Teilabschnitt des Bogens zu sehen, und zwar überall da, wo der Hintergrund dunkel genug ist.

Wir können den Regenbogen aber auch „künstlich" erzeugen mit dem Gartenschlauch. Mit dem Gartenschlauch können wir ihn bei jedem Stand der Sonne entstehen lassen.

Einen extremen Versuch können wir machen bei dem höchsten in unserer Breite nur denkbaren Sonnenstand, auf dem 50. Breitengrad mittags um 12 Uhr zur Johannizeit. Der 50. Breitengrad schneidet bekanntlich zehnmal den Main. Der Stand der Sonne beträgt dann 63 1/2° (= 90°-50°+23 1/2°). Bei diesem hohen Sonnenstand schrumpft der Regenbogen zu einem kleinen Kreisbogen von wenigen Metern Durchmesser zusammen und breitet sich zu unseren Füßen aus. Wir haben das phantastische Erlebnis, daß wir auf dem Regenbogen selbst stehen, auf der grünen Wiese. Der Mittelpunkt des Regenbogens, der ja auf der

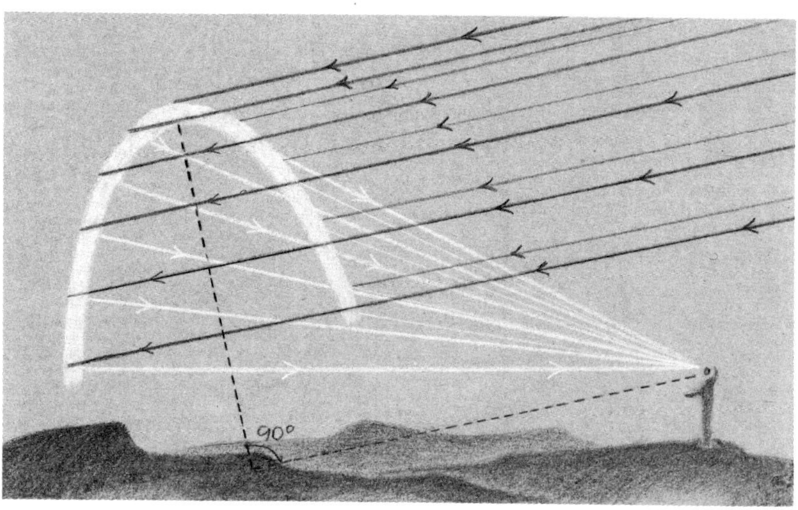

Abb. 16 Die Seitenansicht des Regenbogens mit dem Weg des einstrahlenden (schwarz) und abgelenkten Lichtes (weiß).

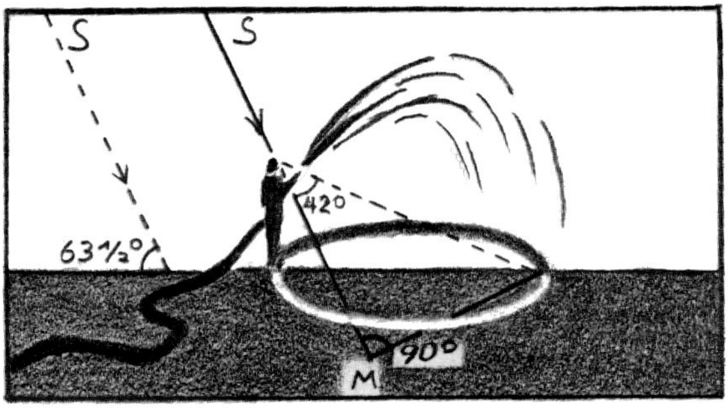

Abb. 17a

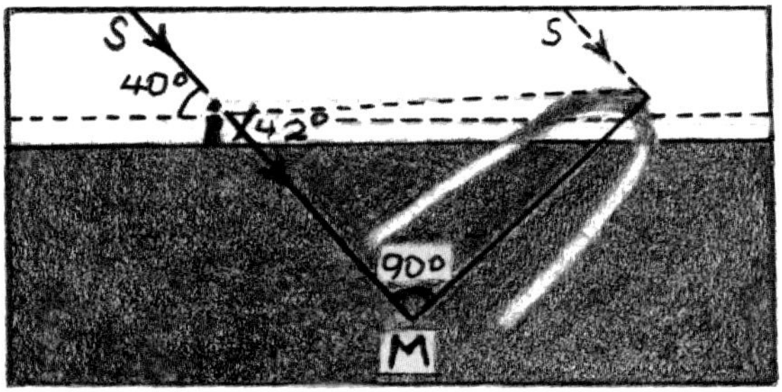

Abb. 17b

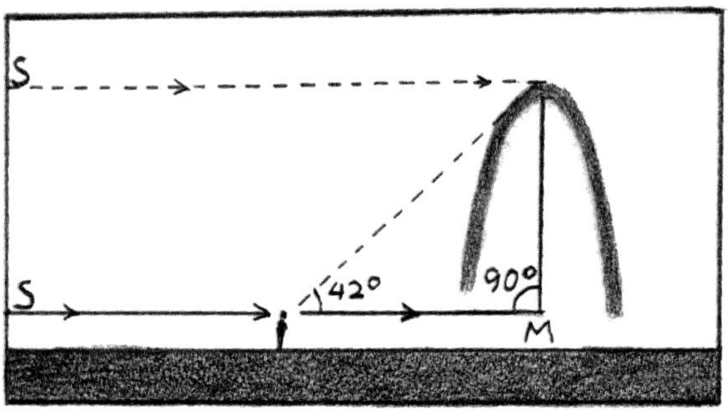

Abb. 17c

Abb. 17a Der Versuch mit dem Gartenschlauch. Die Ebene des Regenbogens scheint auf der Wiese zu liegen. Die Achse Sonne–Haupt des Beobachters hat die steilste Stellung.
Sonnenstand 63 1/2°.

Abb. 17b Sonnenstand von ca. 40°: Es ist nur der obere Teil des Regenbogens zu sehen. Die Sonne senkt sich – der Regenbogen erhebt sich über den Horizont.

Abb. 17c Die Sonne sinkt herab bis zum Horizont: Der Regenbogen erhebt sich zu maximaler Größe.
S = Richtung Sonne, M = Mittelpunkt des Regenbogens.

Achse Sonne-Haupt des Beobachters liegt, liegt in diesem Falle im Schatten des eigenen Kopfes unmittelbar vor uns auf der Wiese. Bei diesem hohen Sonnenstand ist der menschliche Schatten ja besonders kurz. Wenn dann seitlich z. B. gerade ein paar dunkle Koniferen stehen, leuchten die Farben wunderbar auf. Wir müssen natürlich den Gartenschlauch herumschwenken; wir sehen den Regenbogen nicht im ganzen Zusammenhang. An den Stellen, an denen der größte Kontrast ist, leuchtet er am schönsten.

Die Ebene, in der der Regenbogen liegt, ist bei diesem hohen Sonnenstand flach zum Erdboden geneigt, da ja die Achse Sonne-Haupt des Beobachters senkrecht auf der Achse des Regenbogens steht, die beide im Mittelpunkt des Regenbogens einen rechten Winkel bilden. Die Abbildung 17a zeigt das optische Bild, das der Regenbogen bei diesem hohen Sonnenstand und dem Herumschwenken des Gartenschlauchs ergibt.

Man sieht aus dieser Darstellung, daß bei einem so hohen Sonnenstand normalerweise ein Regenbogen nicht erscheinen kann. Die Möglichkeit für die Bildung des Regenbogens besteht vielmehr nur bis zu einer Sonnenhöhe von ca. 40°; denn dann erscheint der Regenbogen bereits nur als schmaler Streifen am Horizont. Wenn wir dann jedoch einen besonders hoch gelegenen Beobachtungsort hätten, wie etwa im Gebirge (Abb.18), dann hätten wir allerdings die Möglichkeit, auch noch bei höherem Sonnenstand den Regenbogen unterhalb der Augenhöhe bis tief ins Tal hinunter zu sehen – so wie man vom Flugzeug aus bekanntlich sogar den vollständigen Kreisbogen des Regenbogens sehen kann.

Wenn die Sonne dagegen direkt über dem Horizont steht, liegt der Mittelpunkt des Regenbogens genau der Sonne gegenüber im Horizont. Die Achse Sonne-Haupt des Beobachters-Mittelpunkt des Regenbogens verläuft in dem Falle parallel zur Erdoberfläche, so daß in diesem einzigen Falle die Achse des Regenbogens – und somit seine ganze Ebene – senkrecht steht. In dieser Situation erstrahlt der Regenbogen in seiner vollen Schönheit in maximaler Größe als vollendeter Halbkreis[33]

Abb.18 Von einem hoch gelegenen Beobachtungsort aus ist der Regenbogen auch noch bei höherem Sonnenstand – unterhalb der Augenhöhe – im Tal zu sehen.

(Abb. 17c): Der Brückenbogen steigt auf beiden Seiten „schwindelnd in die Höh!'" (Schiller).

Die Abbildungen 17a, 17b und 17c zeigen den Zusammenhang zwischen der Höhe des Sonnenstandes und der Höhe des Regenbogens. Mit steigender Sonnenhöhe neigt sich die Achse, bzw. die ganze Ebene des Regenbogens, immer mehr leicht nach hinten, wie es ja auch aus der Abb. 1 der Schulphysik zu sehen ist. Die Neigung der Ebene des Regenbogens ist jedoch kaum bemerkbar, da man den Regenbogen immer nur frontal sieht.

„Der Wissensschaftsgeist muß wieder persönlich werden. Dazu brauchen wir die Durchchristung der Wissenschaft selber. Und wenn wir die Wissenschaft durchchristen, dann legen wir die ersten Keime zur Entwicklung des Geistselbst."
GA 197, Vortr. v. 22. 11. 20

Rudolf Steiner

Der Nebenregenbogen und die Halo-Erscheinungen

Der Hauptregenbogen wird manchmal von einem Nebenregenbogen begleitet. Dieser wölbt sich dann über dem Hauptregenbogen. Sein besonderes Merkmal ist, daß die Reihenfolge der Farben bei ihm umgekehrt ist. Es erscheint als oberste Farbe Violett, dann Blau, Grün, Gelb und als unterste Farbe Rot. Außerdem ist er blasser als der Hauptregenbogen. (Abb.19)

Von alters her ist man der Auffassung, wie bereits in der Einleitung erwähnt, daß der Nebenregenbogen durch zweimalige Refraktion – beim Eintritt des Lichtes in und beim Austritt aus dem Regentropfen – und durch zweimalige Reflexion in der rückseitigen Innenwand des Regentropfens entsteht. (Abb.3)

Ist diese Theorie haltbar? Ob hinter dieser Theorie nicht steht, daß „der Wunsch der Vater des Gedankens" ist? Denn diese Theorie ist mit dem Urphänomen nicht vereinbar. Die Richtung des einfallenden Sonnenlichtes ist ein und dieselbe beim Haupt- und Nebenregenbogen, denn die Sonnenstrahlen sind untereinander parallel, weil sie aus dem Unendlichen kommen. Wenn also der Nebenregenbogen eine ebenso originäre Erzeugung des Sonnenlichtes wäre, wie der Hauptregenbogen, müßte er ebenso wie dieser an der oberen Grenze mit Rot beginnen, denn das einfallende Licht ist und bleibt dunkel. Wir kämen nicht an der Tatsache vorbei, daß wir auch beim Nebenregenbogen an der oberen Grenze „Licht durch Dunkelheit" sähen, und es müßte dort Rot erscheinen. Nach den Worten Rudolf Steiners geht es aber, wie wir gehört haben, um die ganze Fläche des Regenbogens, nicht nur um die einzelnen Tropfen. Man muß demnach die Sonne als Lichtquelle ausschließen.

Vielmehr kann es bei der umgekehrten Reihenfolge der Farben nur so sein, daß die Lichteinstrahlung von unten kommt. Wir erinnern uns an den prismatischen Versuch, der in Abb.11c dargestellt ist, bei dem sich durch die Richtungsänderung ebenfalls die umgekehrte Reihenfolge der

---

Abb.19 Der Haupt- und Nebenregenbogen

Farben ergibt. Wenn die Richtung des einfallenden Lichtes *von unten nach oben* erfolgt, ergibt sich die Reihenfolge der Farben von unten nach oben Rot, Gelb, Grün, Blau, Violett, wie wir sie beim Nebenregenbogen ja auch haben. Daraus folgt aber, daß nur der Hauptregenbogen selbst die Lichtquelle für den Nebenregenbogen sein kann. Der Hauptregenbogen wird zu einer sekundären Lichtquelle; daher ist der Nebenregenbogen auch blasser, als der Hauptregenbogen.

Die Farbenfolge von Haupt- und Nebenregenbogen stellt sich daher zwar spiegelbildlich dar (Abb.19), es ist jedoch nicht anzunehmen, daß der Nebenregenbogen durch eine Spiegelung entsteht. Es liegt vielmehr näher, anzunehmen, daß dem Nebenregenbogen ebenfalls ein „echter" Entstehungsprozeß zugrunde liegt durch Refraktion, Diffraktion und Reflexion. Wie wäre das möglich?

Wir haben gehört, daß die Regenwolkenwand das Sonnenlicht in alle Richtungen zurückstrahlt, die der Sonne zugewandt sind. Wäre es nicht möglich, daß sich in dem Spiel der Wolkenbildungen eine Wolkenpartie oberhalb des Hauptregenbogens so gestaltet, daß sie das von unten kommende Licht des Hauptregenbogens in dem Winkel von 51° in unser Auge zurückstrahlt? Nur wenn das einstrahlende Licht beim Nebenregenbogen von unten kommt, sind die Bedingungen für das Urphänomen und das an der unteren Grenze dadurch entstehende Rot erfüllt, weil nun einmal das einstrahlende Licht dunkel ist und daher Rot immer an der Grenze erscheinen muß, an der das Licht einstrahlt, wie wir auch bei dem Halo um die Sonne sehen werden. (Abb.21)

Die Möglichkeit zur Bildung des Nebenregenbogens ist gar kein so ungewöhnlicher Fall, denn der Ablenkungswinkel Delta (δ) schwankt bei einer Änderung von Alpha (α), dem Einfallswinkel, „so gut wie überhaupt nicht"! Es ist allerdings eine sehr merkwürdige Tatsache, daß auch bei schwankendem Einfallswinkel die Richtung der Austrittsstrahlen „so gut wie gleich bleibt" – wenn wir eine Abwandlung der obigen Formulierung anwenden wollen – dürfen. Jedenfalls begünstigt dieses Gesetz die Bildung des Nebenregenbogens außerordentlich.

Haupt- und Nebenregenbogen haben einen gemeinsamen Mittelpunkt; aber ihre beiden Ebenen sind wahrscheinlich in einem kleinen Winkel zueinander geneigt, wie in Abbildung 20a veranschaulicht ist;

so daß die Ebene des Nebenregenbogens ein wenig vorgerückt sein könnte und in einer leichten Schräge die Ebene des Hauptregenbogens in der horizontalen Geraden schneidet, die durch den Mittelpunkt des Hauptregenbogens geht. In der „Aufsicht“, wie sie vom Standpunkt des Beobachters gegeben ist, ist dieses nicht erkennbar; den optischen Beweis könnte man nur von der Seitenansicht her führen, was aber eben wegen der Natur des ganzen Vorganges nicht möglich ist.

Diese Vorstellung möge als Frage stehen bleiben. Eine offene Frage macht diese rätselhafte Himmelserscheinung noch geheimnisvoller.

Die Natur bewirkt eine Fülle weiterer auffallender, schöner Lichtgestaltungen, wie z. B. die bekannten Höfe – mit und ohne Farben –

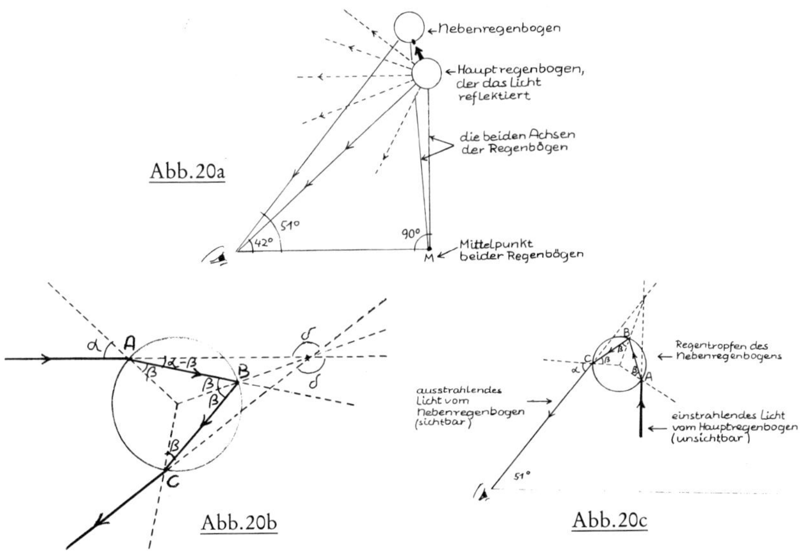

Abb.20a Schema für die vermutliche Bildung des Nebenregenbogens, wenn er durch das Licht des Hauptregenbogens entsteht.

Abb.20b Der Weg des Lichtes durch den Regentropfen, wie man ihn in den Lehrbüchern der Schulphysik findet. Refraktion bei A und C, Reflexion bei B.

Abb.20c Vermutlicher Weg des Lichtes im Nebenregenbogen, wenn dieses vom Hauptregenbogen kommt und von unten nach oben einstrahlt.

um Sonne und Mond, merkwürdige Kränze und Lichtsäulen sowie die große Mannigfaltigkeit der Halo-Erscheinungen.[34] Die Natur ist unendlich erfinderisch in der Gestaltung immer neuer Formen. Es soll hier noch kurz die schöne Himmelserscheinung des Halos dargestellt werden, die im Wolkendunst um die Sonne entsteht.

Es kommt gelegentlich vor, wenn die Sonne nicht mehr allzu hoch steht, daß in dem atmosphärischen Wolkendunst in großem Abstand von der Sonne, entweder an beiden Seiten oder auch nur an einer Seite, ein kurzes Stückchen des Farbenspektrums zu sehen ist. (Abb.21) Aber es handelt sich nicht um einen Regenbogen, sondern vor unseren Augen strahlt die Sonne in die dunstigen Wolkengebilde hinein und läßt darin Farben aufleuchten. In welcher Reihenfolge können wir die Farben erwarten?

Wir können die Farbfolge geradezu von dem Bild selbst ablesen: die Sonne ist die direkte Lichtquelle, so daß die Richtung des Lichtes von innen nach außen strahlt. *Die erste Farbe, die an dem einfallenden, unsichtbaren Licht entsteht, muß Rot sein*; und so ist es auch. Erst der reflektierte Lichtschein, der unser Auge trifft, ist für uns sichtbar. Daher sehen wir in der äußeren Zone des Halos „Dunkelheit durch Licht“, und wir sehen dort Blau/Violett. Es entsteht von innen nach außen die Reihenfolge der Farben Rot, Gelb, Grün, Blau, Violett.
Das Urphänomen bewahrheitet sich auch hier.

Abb.21 Schema des Halos im Wolkendunst um die Sonne.

„Heute ist diese Wissenschaft dazu reif, . . . sich hineinzuentwickeln in die Erfassung der Imagination, der inspirativen, der intuitiven Welt, sich hineinzufinden in das Erleben, in das Ergreifen des Geistigen. Fortzuwachsen ist diese Wissenschaft berufen, um im Fortwachsen anzunehmen die Gestalt eines geistigen Schauens. Dazu ist sie heute reif."
GA 197, Vortr. v. 21. 9. 20

Rudolf Steiner

Reflexion, Refraktion und Diffraktion
Das Lesen der kosmischen Schrift

„Die Geisterwelt ist nicht verschlossen;
Dein Sinn ist zu, Dein Herz ist tot!
Auf, bade, Schüler, unverdrossen
Die ird'sche Brust im Morgenrot!"

Goethe

Wenn wir nun auch – angeleitet durch den Hinweis Rudolf Steiners – auf der Grundlage von Goethes Farbenlehre, das Urphänomen im Regenbogen gefunden haben, so erhebt sich doch die Frage, ob wir nicht dieser außerordentlichen, zeichenhaften Himmelserscheinung, wenn wir sie im Lichte der modernen Geisteswissenschaft Rudolf Steiners sehen, noch tiefere Gesichtspunkte abgewinnen können. Wir sind dazu umso mehr berechtigt, als uns Rudolf Steiner darauf hinweist, wie wir bereits vorher gehört haben, daß der Goetheanismus seine Weiterentwicklung finden muß und sich nach dem Geistig-Seelischen hin entwickeln muß. „Er muß aus dem bloß Physisch-Menschlichen heraus kosmisch werden. Dieser Versuch wird gemacht gerade durch die anthroposophisch orientierte Geisteswissenschaft, die eine Fortsetzung ist des Goetheanismus in das Geistige hinein."[35]

Wenn uns Goethe schon bereits auf der allerersten Seite seines Vorwortes zur Farbenlehre von der Natur sagt: „dem Aufmerksamen ist sie nirgends tot und stumm", wieviel mehr macht uns Rudolf Steiner wach dafür – wie wir ja auch in unserem Vorwort gehört haben – in den Naturerscheinungen nicht nur die physisch-sinnlichen Äußerlichkeiten zu sehen, sondern immer mehr zu lernen, auf das die Natur durchwallende und durchwebende Göttliche hinsehen zu können. Ja, in seinen Vorträgen über „Das Wesen der Farben" fordert uns Rudolf Steiner auf, immer mehr „Lesende des Kosmos" zu werden:

„Derjenige, der die Welterscheinungen nicht lesen kann, steht eben wie ein Analphabet des Kosmos vor den Erscheinungen ... Das für die jetzige materialistische Zeit Charakteristische ist, daß die Menschen durch den Materialismus dem Kosmos gegenüber Analphabeten sind, und zwar nahezu hundertprozentige. In einer Zeit, in der man so stolz ist, daß man die Prozente der Analphabeten in den Kulturländern so sehr vermindert hat, steuert man mit Begeisterung dem Analphabetismus in kosmischer Beziehung entgegen.

Diesen kosmischen Analphabetismus aufzuheben, ist die Aufgabe der Geisteswissenschaft... Aber wir sollen die Demut dabei nicht verlieren, denn so wie die Zeit heute ist, sind wir noch sehr stark in der Notwendigkeit der Elementarschule. Wir kommen kaum schon zu einem wirklichen Lesen, sondern nur zu einer Art von Buchstabieren. Aber wir können doch ergriffen sein von dem Umwandlungsimpuls, der dadurch für die Menschheitsentwicklung hereinbricht."

Versuchen wir also – in der Sehnsucht, Lesende des Kosmos werden zu wollen – versuchen wir zunächst in aller Bescheidenheit zu buchstabieren, was sich uns erschließt, wenn wir mit aller Hingabe einzudringen versuchen in das prozessuale Geschehen, das zu der Erscheinung des Regenbogens führt. Es handelt sich um den Widerstand, den das Licht am Stoff erfährt – an der dunklen Regenwolkenwand, die sich ihm entgegenstellt – der das Licht auf dreifache Weise aus seiner Richtung bringt. Die kosmische Himmelsschrift ist uns in diesem Falle gegeben in den nüchternen physikalischen Buchstaben der drei Gesetze der Reflexion, Refraktion und Diffraktion. Versuchen wir, uns diese drei Gesetze eindringlich vor die Seele zu stellen und nachdrücklich das Wesen dieser drei Prinzipien einzuprägen. Vielleicht können wir dann hoffen, daß sie sich uns zum Bild für übersinnliche Prinzipien formen.

Goethe reihte die Reflexion, Refraktion und Diffraktion ein in die Abteilung der physischen Farben seiner Farbenlehre, weil es diese drei physischen Vorgänge sind, „durch die das Licht bedingt werden kann". Goethe führt sie ein im Zusammenhang mit den „katoptrischen Farben", den „paroptischen" und „dioptrischen Farben". Da heißt es zu Beginn erläuternd:[36]

„... wir richten unsere Aufmerksamkeit besonders darauf, wie durch Mittel, und zwar farblose Mittel, verschiedene Bedingungen entstehen." und weiter:[37] „Das Licht kann auf dreierlei Weise unter diesen Umständen bedingt werden. Erstlich, wenn es von der Oberfläche eines Mittels zurückstrahlt, da denn die katoptrischen Versuche zur Sprache kommen. Zweitens, wenn es an dem Rande eines Mittels herstrahlt... wir nennen sie paroptische Erscheinungen. Drittens, wenn es durch einen durchscheinenden oder durchsichtigen Körper durchgeht, welches die dioptrischen Versuche sind..."

Es möge nun zunächst eine Übersicht über die drei physikalischen Begriffe folgen.

1. *Reflexion, (Rückstrahlung),*
   bei Goethe die katoptrischen Farben
   Die Rückstrahlung von den Wänden eines Raumes oder den Grenzflächen eines Mediums. Bei Unebenheiten der Begrenzungsflächen kann die Reflexion zerstreut, diffus sein. Bei regulärer Reflexion gilt das Gesetz, daß der einfallende und der reflektierte Strahl in derselben Ebene liegen. Bei durchsichtigen Medien wird nur ein Bruchteil reflektiert. Der andere Anteil dringt in das neue Medium ein und wird dabei gebrochen.

2. *Refraktion, (Brechung),*
   bei Goethe die dioptrischen Farben
   Refraktion tritt insbesondere bei Gestirnen auf durch die unterschiedliche Dichte der Erdatmosphäre, beim Wassertropfen durch den Eintritt des Lichtes in das dichtere Medium, desgleichen beim Austritt in das dünnere Medium.

3. *Diffraktion, (Beugung),*
   bei Goethe die paroptischen Farben
   Diffraktion tritt auf bei Ausbreitung eines Wellenvorganges bei jeder Art von Wellen; sie tritt bei Licht immer in Verbindung mit Interferenz auf. Diese führt z. B. bei Radio-Wellen zu der bekannten Erscheinung des „Fading": Der Ton wird abwechselnd lauter und leiser, evtl. bis zum völligen Verschwinden. Es ist ein rhythmisch anschwellender und wieder abklingender Prozeß der sich überlagernden Wellen, die sich abwechselnd gegenseitig steigern oder aufheben.
   Ferner tritt durch Diffraktion bei jedem „Lichtbild" eine gewisse Unschärfe auf. Im Grenzfall spricht man von Streuung des Lichtes.

Die Randzonen des Lichtes werden aus der ursprünglichen Richtung abgelenkt.

Goethe weist darauf hin, daß diese drei Gruppen physischer Farben untereinander außerordentlich verwandt sind.

Kann uns nicht die Tatsache nachdenklich stimmen, daß das Licht „bedingt“ werden kann? Daß das Licht, diese souveräne, leuchtende Himmelsmacht, von außen eine Einbuße erfahren kann? Der Urquell des Lichtes ist für Goethe die Sonne, die Wärme- und Lebensspenderin. Gemäß der modernen Geisteswissenschaft Rudolf Steiners ist das Sonnenlicht dasjenige Element, in dem hohe geistige Wesenheiten leben und weben. Rudolf Steiner nennt sie „die Lichtesgeister“ oder „die Elohim“, die Goethe erstaunlicherweise ebenfalls unter diesem Namen bekannt waren, wie aus seiner Biographie „Dichtung und Wahrheit“ hervorgeht. Die Elohim waren Goethe aus dem Grunde bekannt, weil er als Knabe in Frankfurt mit jüdischen Kindern – aus eigenem Antrieb! – hebräisch gelernt hat; er wollte die Bibel im Urtext lesen. In „Dichtung und Wahrheit“ teilt uns Goethe mit, welche große Bedeutung die Bibel für ihn hatte:[38]

„Ich für meine Person hatte die Bibel lieb und wert; denn fast ihr allein war ich meine sittliche Bildung schuldig, und die Gegebenheiten, die Lehren, die Symbole, die Gleichnisse, alles hatte sich tief bei mir eingedrückt und war auf eine oder die andere Weise wirksam geworden.“

In unserem Zusammenhang interessiert besonders, daß Goethe die Elohim auch in einem späteren Paragraphen seiner Farbenlehre erwähnt, der gerade für unser Thema von Bedeutung ist, worauf wir im letzten Kapitel noch zurückkommen werden.[39]

Vor allem aber sind die Elohim, diese Lichtesgeister, die auf der Sonne beheimatet sind, auch diejenigen Wesenheiten, die den Menschen im Laufe der Menschheitsevolution das Ich gegeben haben, den göttlichen Funken, den eigentlichen Wesenskern des Menschen, mit der der Mensch an die Ewigkeit angeschlossen ist. So hat unser Ich also eine ganz besondere Beziehung zum Licht. Der deutsche Sprachgeist hat das in wunderbarer Weise darin zum Ausdruck gebracht, daß er in dem Wort „Licht“ das Ich geradezu in L-ich-t eingebettet hat! Kann es uns nicht doppelt nachdenklich stimmen, daß eine Weltentität von so hoher Art wie das Licht, von außen bedingt werden kann, noch dazu auf dreifache Weise? Welcher Natur, welchen Wesens ist denn diese merkwürdige Dreiheit, die dem Licht Widerpart bietet und in einem grandiosen Zusammenwirken das Licht in Farben aufleuchten läßt?

Wenn wir schon auf der Tatsache fußen, daß es eine bedeutungsvolle Zuordnung zwischen dem Licht und dem menschlichen Ich gibt, dann haben wir vielleicht auch den Mut – zumal es sich ebenfalls um eine Dreiheit von Wirksamkeiten handelt – im stillen auch eine Zuordnung dieser drei Wirksamkeiten zu den drei Seelenkräften des Denkens, Fühlens und Wollens zu erahnen, die ja in engster Beziehung zum menschlichen Ich stehen. Ist nicht schon die Tatsache merkwürdig, daß es sich in beiden Fällen um eine Dreiheit handelt? Eine Parallele jedoch zwischen diesen beiden so verschiedenen „Dreiheiten" ist allerdings eine wirklich schockierende Vorstellung – zunächst!

Goethe weist auf die „außerordentliche Verwandtschaft" dieser drei Naturgesetze hin. Sind nicht die drei Kräfte des Denkens, Wollens und Fühlens gleichermaßen untereinander verwandt, insofern sie die drei Grundkräfte der menschlichen Seele sind? Wagen wir einmal den Versuch, die drei Naturgesetze mit den drei Seelenkräften zu vergleichen.

Wie kann man die Zuordnung der Reflexion (Spiegelung) zum Denken verstehen? Es kann sich selbstverständlich nur darum handeln, eine gewisse Empfindungsnuance für diese Parallele zu entwickeln: Wir verdanken unser Denken bzw. unser gesamtes Vorstellungsleben einem Spiegelungsvorgang des Gehirns.

Unser Gehirn ist nicht der Hervorrufer des Vorstellens und Denkens, sondern der komplizierte Spiegelungsapparat, der uns unsere Gedanken bewußt werden läßt. „Da drinnen im Gehirn ist nichts von einem Gedanken.. Was da durch die Arbeit des Gehirns erscheint, das ist die innere, übersinnliche Tätigkeit der drei höheren Glieder der menschlichen Organisation... alles das, was Vorstellungsleben seinem Inhalte nach ist, was unsere, die Erkenntnis herbeiführende Vorstellungsarbeit der Seele ist, alles das geht nicht bis zum physischen Leib, alles das vollzieht sich in den drei höheren Gliedern der menschlichen Wesenheit, von dem Ich durch den Astralleib zum Ätherleib herunter."[40] Und weiter:

„Der Mensch würde seine Gedanken zwar denken, aber er könnte nichts wissen von ihnen als gegenwärtiger Erdenmensch, wenn er nicht den spiegelnden Leibesorganismus, zunächst das Gehirn, hätte.“[41]

Gerade mit dieser letzten Aussage Rudolf Steiners bestätigt sich uns in allerdings verblüffend hohem Maße die Entsprechung des Gesetzes der Reflexion mit dem Denken. Geradeso wie das Licht den dunklen Weltenraum durcheilt und erst aufleuchtet am Stoff, so würden uns unsere Gedanken unbewußt durchfluten, wenn sie nicht vom Gehirn reflektiert würden.

Daß das menschliche Denken seinem Wesen nach lichthafter Natur ist, bezeugt der schöpferische Sprachgeist mit zahllosen Wortbildungen, wie z. B.: Gedankenblitz, einleuchtend, „es erhellt sich mir“, sogar „es dämmert mir“, usw.

Noch deutlicher wird Rudolf Steiner – bezeichnenderweise – in dem Zyklus „Die Brücke zwischen der Weltgeistigkeit und dem Menschen“. (Vortr. v. 5.12.1920): „Wir leben, indem wir denkende Menschen sind, im Lichte. . . . Man kann dasjenige nicht sehen, was man zunächst selber ist. Wenn man heraustritt aus diesen Gedanken, wenn man in die Imagination, Inspiration eintritt, dann stellt man sich ihm gegenüber, und dann sieht man das Gedankenelement als Licht. So daß wir, wenn wir von der *vollständigen Welt* (vom Verfasser hervorgehoben) reden, sagen können: Wir haben das Licht in uns; nur erscheint es uns da nicht als Licht, weil wir darinnen leben, und weil, indem wir uns des Lichtes bedienen, indem wir das Licht haben, es in uns zum Gedanken wird. – Sie bemächtigen sich gewissermaßen des Lichtes; das Licht, das Ihnen sonst draußen erscheint, das nehmen Sie in sich auf. *Sie differenzieren es in sich*. (Vom Verfasser hervorgehoben.) Sie arbeiten in ihm. Das ist eben Ihr Denken, das ist ein Handeln im Lichte. *Sie sind ein Lichtwesen*.“

Der Mensch ist ein Teil der Welt auch durch den Lichtprozeß seines Denkens. Im Menschen ist das Licht differenziert. Die Parallele zwischen dem Denken und dem Naturgesetz der Reflexion liegt also darin, daß das Denken selbst ein Lichtprozeß im Menschen ist und unsere Gedanken nur dadurch in uns bewußt aufleuchten, weil sie durch unsere physische Leibesorganisation reflektiert werden – geradeso wie das physische Licht erst dann aufleuchtet, wenn es vom Stoff reflektiert wird. Gerade dieses Thema, das um das Denken, das Licht, die stoffliche

Materie kreist, ist ein besonders reiches Feld für immer neue Entdeckungen. Je mehr wir unsere Aufmerksamkeit darauf richten, umso mehr erschließt sich uns. Es ist wie mit dem Abendhimmel in der Dämmerung, der zunächst ganz sternenlos erscheint. Aber wenn wir unsere Aufmerksamkeit darauf richten, entdecken wir – zwar noch blaß im hellen Abendhimmel, aber doch deutlich leuchtend – den ersten Stern. Haben wir aber erst einmal einen Stern gefunden, dann entdecken wir sehr leicht noch weitere. Unser Auge hat den „Blick" dafür bekommen, ist zu einem schärferen Wahrnehmungsorgan geworden.

Bei den beiden folgenden Parallelen wollen wir uns kurz fassen.

Die Parallele von Refraktion und Wollen ist zunächst nicht so gut einzusehen. Wir wollen aber wohl bedenken, daß es zur Natur des Lichtes gehört, in absolut gerader Richtung in den Raum hinauszustrahlen. Durch das Gesetz der Refraktion (Brechung) wird es gegen seinen Willen zu einer Richtungsänderung gezwungen, wird seines Wesens beraubt. Es stellt sich dem dahinflutenden Licht in Gestalt der Refraktion ein fremder Willensimpuls entgegen, der dem eigenen Willen des Lichtes eine andere Richtung aufzwingt. Der schöpferische Sprachgeist hat uns auch zu diesem Zusammenhang eine auffallende Prägung gegeben: den Willen eines Menschen *brechen*. Wenn wir nach der qualitativen Bedeutung der Refraktion fragen, so können wir sie mit der Seelenkraft des Wollens charakterisieren.

Ein in unserem Zusammenhang besonders auffallendes Phänomen ist die Diffraktion (Beugung), die ja, wie oben bereits besprochen, immer in Verbindung mit Interferenz auftritt und damit ein rhythmisches Element darstellt: die gleichgerichteten Lichtströme des reflektierten und gebrochenen Lichtes fluten auf uns zu, indem sie sich z. T. überlagern und sich abwechselnd verstärken oder sich gegenseitig aufheben. Auffallend ist, daß dieses dritte Naturgesetz nicht einen originären Impuls auslöst, wie die beiden ersten; es ist ein vermittelndes, rhythmisches, allerdings selbständiges Element zwischen den beiden, von Reflexion und Refraktion ausgelösten Lichtströmen.

Mit der rhythmischen Natur der Diffraktion ist aber die Parallele gegeben zu der Seelenkraft des Fühlens, die sich in dem rhythmischen System unserer Leibesorganisation, im Blutkreislauf und Atmungssystem, zum Ausdruck bringt. Die Parallele liegt also sogar in der Tatsache einer rhythmischen, vermittelnden Funktion zwischen zwei Polaritäten, denn auch die Seelenkraft des Fühlens – bzw. die ihr entsprechende rhythmische Leibesorganisation – nimmt eine vermittelnde Funktion zwischen den beiden polaren Kräften des Denkens – bzw. des Nerven-Sinnes-Systems – und des Wollens – bzw. des Stoffwechsel-Gliedmaßen-Systems – ein. Damit sind tatsächlich sehr auffällige, parallele Merkmale zwischen der Seelenkraft des Fühlens und dem Naturgesetz der Diffraktion gegeben.

Die Parallele zwischen dem Licht und den drei Gesetzen der Reflexion, Refraktion und Diffraktion einerseits und dem menschlichen Ich und den drei Grundkräften der menschlichen Seele des Denkens, Wollens und Fühlens andererseits, ist vielleicht nicht so spekulativ, wie es zunächst den Anschein hatte. Sie wird uns später noch beschäftigen, denn sie wird gewiß weiter erhellend sein für das Lesen der kosmischen Schrift.

Zunächst wollen wir jedoch unsere Aufmerksamkeit auf die Dynamik lenken, die mit allen diesen Prozessen ausgelöst wird. Warum ist die innere Dynamik des ganzen Geschehens wichtig?

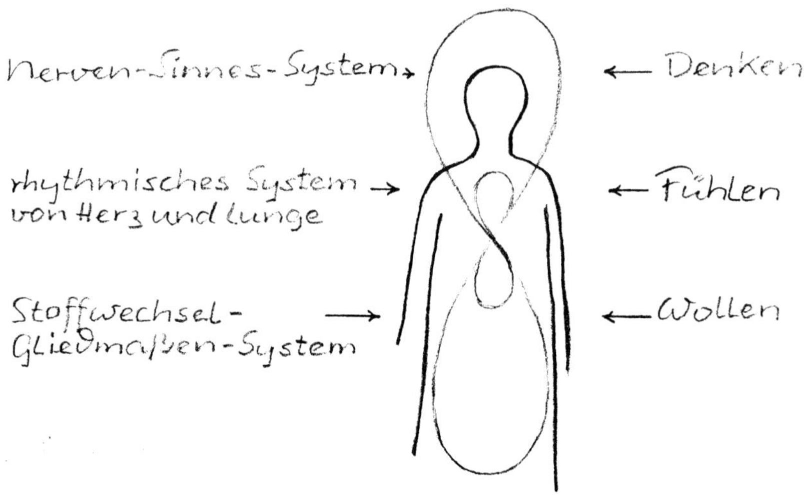

Abb.22 Der dreigliedrige Mensch und die Seelenkräfte des Denkens, Fühlens und Wollens.

Es bleibt dem Leser nicht erspart, daß wir die Vorstellung vom Urphänomen ein wenig korrigieren bzw. vertiefen müssen. Die uns nun schon vertraute Formel „Licht durch Dunkelheit ist rot, Finsternis durch Licht ist blau“ ist bestechend klar und einfach; wenn wir jedoch zu einer wirklichkeitsgemäßen Vorstellung kommen wollen, dann müssen wir die ganze Dynamik, die mit diesem Vorgang verbunden ist, mit einbeziehen. Denn nicht immer ist Licht durch Finsternis gesehen Rot und Finsternis durch Licht gesehen Blau. Wenn z. B. die Sonne hoch am Himmel steht und sich Wolkenschleier davor schieben, so kann man oft beobachten, daß die Sonne als weißliche Scheibe erscheint. Wenn man dann darauf wartet, daß die Schleier etwas dichter werden, damit sich die Sonnenscheibe gelblich-rötlich färben möge, wartet man vergebens. Die dichteren Schleier decken die Sonnen zwar mehr ab, aber es entsteht keine Farbe. Ebenso können wir beim Blick durch das Prisma beobachten, daß wir keineswegs immer Farben sehen. Wir können das Prisma auch so halten, daß wir einen völlig farblosen Ausschnitt unserer Umwelt darin wiederfinden; dann handelt es sich lediglich um eine Spiegelung durch die Innenseite einer Fläche des Prismas, die uns den Ausschnitt unserer Umgebung auf den Kopf gestellt wiedergibt.

Wenn wir also das Urphänomen beobachten, können wir sicher sein, daß sich ein besonderes Geschehen, ein unseren Augen verborgener dynamischer Prozeß, hinter der ruhigen Oberfläche des Bildes verbirgt, wodurch eine zusätzliche innere Veränderung des Lichtkörpers bewirkt wird, die zu einer ganz neuen Qualität führt. Dabei sind die Wirkungen aller drei Naturgesetze aufs engste miteinander verwoben. Diese innere Veränderung kann nicht in einer geometrisch-mathematischen Weise erfaßt werden. Sie muß in einer dynamischen Verteilung des Lichtstromes bestehen. Wie kann man die innere Veränderung des Lichtkörpers verstehen?

Wir finden einen sehr anschaulichen Vergleich zu diesem Vorgang in der Schrift von Gerhard Ott „Zur Entstehung der prismatischen Farben“. Gerhard Ott vergleicht den Lichtstrom mit einem Wasserstrom. Wie wird sich ein gleichmäßig dahinfließendes Wasser, das durch ein Hemmnis gezwungen wird, sein Strombett zu verengen, verhalten? Es wird einen stärkeren Wasserandrang gegen das verengende Ufer hin entwickeln, so daß seine Kraft mächtiger wird.

Auch kann das zunächst gleichmäßig dahinfließende Wasser zu einem reißenden Strom werden mit rauschenden Wellen (Klang!) und weißem, sprühendem Gischt (Farbe!). Es können also durch ein Hemmnis je nach Umständen die mannigfaltigsten inneren Veränderungen entstehen, die ganz neue Eigenschaften bewirken. Das vorher ruhig dahinfließende Wasser ist nicht wiederzuerkennen. „Eine solche Reaktion müssen wir aber auch dem zwar feineren, kräftemäßig aber hier in analoger Weise sich verhaltenden Lichtstrom zubilligen."

Es wird also alles darauf ankommen, daß wir seelisch aktiv genug sind, die Enge und Bedrängnis des auf uns zu flutenden Lichtstromes des Regenbogens mitzuerleben, der, wie oben beschrieben, seines eigentlichen Wesens beraubt und durch Reflexion, Refraktion und Diffraktion zur Richtungsänderung gezwungen wird. Wie kann man sich wenigstens annähernd ein Bild machen von dem tatsächlichen Umfang des ganzen komplizierten Geschehens? Dazu gehört einmal der Vorgang innerhalb des einzelnen Regentropfens, sodann auch die Prozesse der Fülle der Lichtströme, die die Regentropfen verlassen. Wir wollen uns zunächst einmal deutlich machen, was dem Lichtstrom innerhalb des einzelnen Regentropfens widerfährt.

Wir stellen uns vor, daß zwar ein Teil des Sonnenlichtes von der der Sonne zugewandten Halbkugeloberfläche des Regentropfens gleich von der Oberfläche des Tropfens reflektiert wird, daß jedoch ein großer Teil in den Regentropfen eindringt. Hierin widerfährt nun dem Lichtstrom ein gewaltiger Verengungsprozeß. Er wird an der rückwärtigen Innenwand des Regentropfens gebündelt, d. h. auf engsten Raum zusammengedrängt; nur ein kleiner Teil entweicht der Enge durch die rückwärtige Tropfenwand; der größte Teil wird auf kleinstem Fleck gebündelt, von der rückwärtigen Tropfenwand reflektiert und erst nach nochmaliger Brechung beim Austritt aus dem Tropfen endlich in seine Freiheit entlassen.

Die in Freiheit entlassenen Lichtströme des gebrochenen, reflektierten Lichtes eilen nun keineswegs isoliert durch den Raum zu unserem Auge hin, sondern nehmen – fröhlich? – Anteil aneinander durch das vermittelnde rhythmische Prinzip der Diffraktion.

So legt das Sonnenlicht, das an der Erscheinung des Regenbogens beteiligt ist, einen erlebnisreichen Weg zurück, bis es in unser Auge gelangt. Zwischen der „Freiheit" vor dem Regentropfen und der „Freiheit" nach dem Regentropfen erfährt es seine „Taten und Leiden" innerhalb des Regentropfens.

Wir wollen aber auch versuchen, uns in die ganze Situation innerhalb der vom Sonnenlicht angestrahlten Regenwolkenwand hineinzuleben. Wir sprechen von der „Wand", und doch ist es kein ebener Spiegel, der das Sonnenlicht reflektiert. Es ist ein tief in den dunklen Wolkenraum hineingreifender Lichtprozeß, ein Lichtprozeß, der sich in dem aufgelockerten, luftdurchwobenen Wolkenraum auch zwischen den hintereinander fallenden Regentropfen abspielt. Schneller als die Myriaden herabrieselnder Tropfen ist das Licht – es ist allgegenwärtig in dem angestrahlten Wolkenraum für alle Tropfen, die in seinen Bereich gelangen, auch für alle hintereinander fallenden Regentropfen, bis schließlich die hinteren Tropfen von den vor ihnen her fallenden Tropfen verdeckt werden. Ein grandioses, dramatisches Lichtgeschehen vielfach ineinandergreifender Prozesse spielt sich vor unseren Augen ab, ein tausendfältiges Aufblitzen des Lichtes in dem dunklen Wolkenraum, so daß sich in der Begegnung der reflektierten, gebrochenen Lichtströme eine weitere Modifikation durch Beugung und somit eine zusätzliche Dynamik ergibt.

Die Tatsache, daß das Licht durch den dreifachen Widerpart der Reflexion, Refraktion und Diffraktion etwas „erleidet", ist jedoch keineswegs etwa im Sinne einer Ohnmacht zu verstehen, sondern eher so, daß das Licht dem Widerstand mit einer triumphalen Gebärde antwortet: Es steigert sein normales Vermögen der reinen Leuchtkraft zu einer höheren Wirkung und läßt *Farben* aufleuchten. Bei dem Geschehen wächst jeder der drei von den Naturgesetzen bewirkten Prozesse im Verein mit den beiden anderen über die eigenen Möglichkeiten hinaus und leistet seinen Beitrag dazu, das Farbenwunder aufblühen zu lassen.

Wie entscheidend die Dunkelheit zwischen den Regentropfen in dem Wolkenraum an dem Geschehen beteiligt ist, möge daran verdeutlicht werden, daß wir, wenn wir der Sonne einen „echten" Spiegel entgegenhalten würden, wir uns geblendet abwenden müßten. Wir sähen in einen gleißenden Glanz ohne alle Farben, den unser Auge auch nur für Bruchteile von Sekunden nicht ertragen kann. Dem Dunkelraum in der Regenwolke verdanken wir es, daß das Licht wohltätig für unser Auge abgedämpft ist und wir ungetrübt das herrliche Schauspiel genießen können. „Das lockere Gefüge von Dunkelheit und Regentropfen ist gleichsam der Nährboden, auf dem das Farbenwunder erblühen kann.“[42]

Die „Taten und Leiden“ des durch dreifache Einwirkung im wahrsten Sinne des Wortes in die höchste Enge getriebenen und damit im höchsten Maße herausgeforderten Lichtes, steigern den Lichtstrom zu einer neuen, inneren Qualität:

Das aber ist die Farbe!

So erweist sich die Farbentstehung des Regenbogens als ein äußerst komplizierter, schwer zu durchschauender, vielschichtiger Prozeß, an dem – auf der Grundlage des Urphänomens – d. h. der Beziehungen von Licht und Finsternis – die drei Naturgesetze der Reflexion, Refraktion und Diffraktion beteiligt sind.

Das Lesen der kosmischen Schrift wird uns weiter beschäftigen, denn es erhebt sich die Frage, welcher Art denn die Beziehung des menschlichen Ich zu seinen drei Seelenkräften des Denkens, Fühlens und Wollens ist, weil wir auch darin eine erstaunliche Parallele zu dem Licht und den damit verbundenen drei Naturgesetzen finden können.

Es ist eigentlich wunderbar zu sehen – wenn wir die Prinzipien des physischen Planes mit den entsprechenden Prinzipien des geistigen Planes miteinander vergleichen – wie die Prinzipien des physischen Planes gleichsam unwandelbar wie zu einer Form zusammengeronnen, erstarrt sind, wohingegen die Prinzipien des geistigen Planes innerlich lebendig, beweglich sind – denn auf dem Felde des Geistig-Seelischen ist alles auf Wachstum, auf Entwicklung angelegt – und trotz dieser Gegensätzlichkeit eine entfernte, innere Beziehung erkennen lassen.

In diesem Sinne hat die Schöpfung in der Gestaltung des Menschen als einem geistig-seelischen Wesen ein bewundernswertes Werk geschaffen. Man kann nur staunen, wie die Schöpfung es fertiggebracht hat, Geist im Stoff „zünden“ zu lassen, insofern der Mensch hier auf dem physischen Erdenplan als Naturwesen Geistträger ist. Im Hinblick auf die Entwicklung des Menschen ist es wichtig – und das ist gerade der „Kunstgriff“ der Schöpfung – daß seine geistig-seelische Natur aus zwei Wesensgliedern besteht, eben aus Geist *und* Seele, so daß sich diese beiden Wesensglieder in ihrem Streben nach Entwicklung gegenseitig steigern können. Das Wesensgefüge des Menschen ist so organisiert, daß das Ich als geistiges Wesensglied die oberste Instanz ist und damit die Herrschaft über die Seele – mit ihren drei Grundkräften des Denkens, Fühlens und Wollens – haben und sie zu einem Höchstmaß entwickeln und ins Gleichgewicht bringen sollte.

Das Menschen-Ich wächst an der Anstrengung, die es zur Zügelung und Harmonisierung seiner Seelenkräfte aufbringen muß –

das Menschen-Ich schwächt sich durch alle verpaßten Gelegenheiten, wenn es den Ausschreitungen der seelischen Triebe, Begierden und Leidenschaften freien Lauf läßt.

Es geht um die Entfaltung der bedeutsamsten, tiefsten Kräfte in der Menschenseele. Es hat wohl niemand kürzer und bündiger, und aus einer tieferen Gesinnung heraus formuliert, worauf es ankommt, als Goethe in den „Geheimnissen“:[43]

> „Von der Gewalt, die alle Wesen bindet,
> Befreit der Mensch sich, der sich überwindet.“

„Ungeheuer viel und ein tiefer Sinn liegt in diesen Worten, denn klar und prägnant zeigen sie uns das, worauf es ankommt in Bezug auf alle Entwicklung. Darauf kommt es an, daß der Mensch sein inneres Empfinden dadurch entwickelt, daß wir uns sozusagen über uns selbst erheben. Die Seele, die sich überwindet, die findet den Weg über sich hinaus und damit zu den höchsten Gütern der Menschheit.“

Die Menschheit wird einen ersten, vorläufigen Reifezustand erst mit dem Ende der Erdenzeiten erreichen. Das aber wird die Zeit der großen Ernte sein, wenn die Spreu von dem Weizen getrennt wird und die reife Frucht eingebracht werden wird.

Und welches wird diese reife Frucht sein? Was wird am Ziel der ganzen Erdenentwicklung einmal die Schöpfung als reife Frucht, als das eigentliche Ergebnis, als Mission der ganzen Menschheitsentwicklung ernten? Diese reife Frucht wird sein die Liebe, die selbstlose, geistige, allumfassende Liebe, die als leuchtendes Ziel über der gesamten planetarischen Daseinsstufe „Erde“ steht:

„Der Mensch ist zunächst berufen, in seinem Inneren das Gleichgewicht zwischen Denken, Fühlen und Wollen herzustellen, wodurch er von sich ausstrahlen und übertragen kann auf die Erde das, was dieses Gleichgewicht von Denken, Fühlen und Wollen bedeutet... Die Taten des Ich im Menschen bedeuten nichts anderes, als das Schaffen eines tätigen, eines aktiven Mittelpunktes in der Menschennatur, wodurch dieser Gleichgewichtszustand von innen heraus vorbereitet werden kann... Das Geheimnis dieser Mission spricht sich darin aus, daß durch dieses Zusammenwirken, durch dieses Gleichgewicht der drei Kräfte, das Innere tatsächlich produktiv Neues wirkt. Es wird dadurch wahrhaft ein viertes Element erzeugt zu den drei vorhergehenden, und dieses vierte Element ist *das Element der Liebe* ... Es ist dieses Zusammenwirken der Elemente von Denken, Fühlen und Wollen im Inneren des Menschen zunächst so, daß dieses eigentliche Innere zur Substanz der Liebe wird."[44]

Die Tatsache, daß das Menschen-Ich den Widerstand der drei Seelenkräfte erfährt, bedeutet demnach keineswegs eine Schwächung, sondern eine Herausforderung zu doppelter Kraftanstrengung: So wie das Licht auf seinen Widerpart mit einer triumphalen Gebärde antwortet und seine normale Leuchtkraft steigert, indem es *Farben* aufleuchten läßt, ebenso wächst das Ich des Menschen über sein eigenes Vermögen hinaus und läßt im Zusammenwirken mit seinen drei Seelenkräften das Wunder der *Liebe* aufblühen.

Wir stehen vor der bewegenden Tatsache, daß die Gesetze und Erscheinungen des Naturdaseins in wunderbarer Übereinstimmung stehen mit der geistigen Welt, in der alles urständet.

Wenn wir uns allerdings mit diesem Ergebnis der Parallelen zwischen den beiden Ebenen des Naturdaseins und der geistigen Welt zufrieden geben würden, dann würden wir auf halbem Wege stehen bleiben.

So wenig es für das Licht ausreicht, daß da Farben aufleuchten allein durch den Widerpart der drei Naturgesetze, sondern daß diese Auseinandersetzung sich abspielt auf der Grundlage des Urphänomens, d. h. auf der Grundlage von Licht und Finsternis, ebenso wenig reicht es für den Reifeprozeß der Liebeskraft im Ich des Menschen aus, sich mit seinen drei Seelenkräften auseinanderzusetzen, sondern dieser „innere" Prozeß spielt sich ab auf der Grundlage des Kampfes zwischen Gut und Böse.

Es wird also notwendig sein, einen weiteren Schritt zu tun in dem Lesen der kosmischen Schrift. Es gilt, die Buchstaben „Licht" und „Finsternis" des Naturdaseins den entsprechenden Begriffen „gut" und „böse" auf der geistigen Ebene gegenüberzustellen.

Gut und Böse sind die moralischen, geistigen Aspekte der Begriffe Licht und Finsternis. Denn so, wie das Licht einen doppelten Widerstand zu überwinden hat: den Widerstand der drei „Bedingtheiten" (der Naturgesetze) einerseits und die Finsternis andererseits, so hat auch das menschliche Ich einen doppelten Widerstand zu überwinden: die drei eigenen Seelenkräfte einerseits und das Böse andererseits.

Wenn wir uns daraufhin die Apokalypse des Johannes anschauen, so steht die Menschheitsentwicklung – und je weiter die Entwicklung fortschreitet, umso dramatischer – unter der Auseinandersetzung von Gut und Böse. Mit dem Zeitalter der Bewußtseinsseele ist der Ansatz zu diesem Prozeß in besonderem Maße gegeben. Noch den alten Griechen waren diese Begriffe fremd. Bei ihnen ging es noch um die Begriffe Schön und Häßlich. In Goethes Faust werden wir zu dem Urbild des Häßlichen geführt, den drei Phorkyaden, die gemeinsam nur einen Zahn und ein Auge besitzen – der Gipfel der Unvollkommenheit. Die Apokalypse des Johannes schildert die dramatische Stufenfolge der Auseinandersetzung von Gut und Böse, die sich in Zukunftszeiten in unausdenkbarer Intensität und Dynamik steigern wird. Das menschliche Ich sieht sich vor die Entscheidung gestellt, sich für die eine oder die andere Seite einzusetzen.

„Das Gute würde nicht ein so großes Gutes sein, wenn es nicht also wachsen würde durch die Überwindung des Bösen... Da reden die Menschen von Gut und Böse, und sie wissen nicht, daß es im Weltenplan notwendig ist, daß das Böse auch zu seiner Spitze kommt, damit diejenigen, die dieses Böse überwinden müssen, gerade in der Überwindung des Bösen die Kraft nützen, daß ein umso größeres Gutes herauskommt... Die Liebe würde keine so intensive sein, wenn sie nicht eine so große Liebe werden müßte, um selbst das Häßliche im Antlitz der bösen Menschen zu überwinden... Das Böse ist im Schöpferplan darinnen, daß durch es einmal das große Gute sei."[45]

„Liebt das Böse – gut!"
lehren tiefe Seelen;

lernt am Hasse stählen –
Liebesmut!"

ruft uns Christian Morgenstern zu.

So ist es im großen Schöpfungsplan beschlossen, daß gerade die Auseinandersetzung mit dem Bösen das Gute zu einer ungeheuren Kraftanstrengung veranlaßt und die Liebefähigkeit zu einem Höchstmaß steigern wird. Die Apokalypse gibt uns Einblick in die Stufenfolge der Entwicklung, in der das Ich heranreift.

Wir wollen dabei wohl im Bewußtsein haben, daß die apokalyptische Entscheidung zwischen Gut und Böse letztenendes die Alternative „für Christus" oder „gegen den Christus" bedeutet, weil nun einmal der Christus Träger der gesamten Erdenentwicklung ist, worüber auch im weiteren Verlauf noch zu sprechen sein wird. Und die selbstlose, allumfassende, geistige Liebe ist es, die uns zuletzt über das gemeinschaftliche Band der Bruderliebe hinausführen wird zu dem vollendeten, vergeistigten Christentum:

„Die Liebe geht nach und nach über in die geistige Liebe, die von Seele zu Seele fließt, die zuletzt die ganze Menschheit umfassen wird mit einem gemeinschaftlichen Band allgemeiner Bruderliebe. Der Christus Jesus aber ist die Kraft, die lebendige Kraft, durch die, so wie sie sich äußeren Augen zeigte, zum erstenmal die Menschheit zur Verbrüderung gebracht worden ist. Und die Menschen werden lernen, dieses Band der Bruderliebe als das vollendete, als das vergeistigte Christentum aufzufassen."[46]

Wir spüren aus diesen Worten, daß der Mensch berufen ist zu etwas so Großem, Hohem, daß diese Kräfte, die da der Möglichkeit nach in ihm schlummern, auf künftigen, fernen Entwicklungsstufen eine Entfaltung erreichen können, die alles Vorstellungsvermögen unserer heutigen Entwicklungsstufe übersteigt. Das Band der Bruderliebe als das vollendete, vergeistigte Christentum! – Gehört es nicht zu den Wundern, daß wir – als *Werdende* – Begriffe im Herzen tragen können, die über alles gegenwärtige Menschenverständnis hinausgehen? Das ist aber gerade die Nahrung, deren der Menschengeist zu seinem Wachstum bedarf, Nahrung, die es ihm möglich macht, diesem Ziel immer mehr entgegenzureifen. Wie unendlich bedeutungsvoll kann uns das so schlichte, warme

Christuswort erscheinen: „Kindlein, liebet einander!" Und weiter, „Wie ich euch geliebt habe, so sollt auch ihr einander lieben. Daran sollen alle erkennen, daß ihr meine Jünger seid, wenn ihr einander liebt."[47]

Mit diesem Liebesbund der Jünger sollen die kommenden Zeiten vorbereitet werden. Eine alles überragende Liebeskraft soll einmal das Kennzeichen der Menschen untereinander werden! – Nun verstehen wir auch, warum *Lieblosigkeit* so weh tut.

Die Liebe – das neue Gebot für uns Menschen seit der Zeiten Wende!

Daher vollzieht sich auch der eigentliche Reifungsprozeß des Menschen-Ich in Gestalt der Auferstehung des Christus in Menschenherzen. Das christuserfüllte Menschenherz wird alles Böse und allen Haß der Welt umschmelzen zu geläutertem Sein. Das Weltgeschehen wird zu einem gewaltigen Läuterungsprozeß.

Die Menschheit aber muß mutvoll diesen entscheidungsträchtigen Zukunftsaufgaben entgegengehen. „Die Apokalypse des Johannes ist ein Impulsgeber für die Zukunft, für das Handeln, für die Tat... Durch die Teilnahme an den Impulsen des Christus Jesus erhält der Mensch die Fähigkeit zu sehen, was aus dieser unserer Erdenwelt wird, wenn die Menschen im Sinne des Christus-Impulses wirken."[48]

Der Mensch ist berufen, in Zukunftszeiten sich selbst die Ziele seines Handelns zu setzen; diese Fähigkeit erlangt er aber nur, wenn das ICH des Menschen selbst den Christus mehr und mehr in sich aufnimmt. Das ICH des Menschen ist aber schon seiner innersten Natur nach auf den Christus hinorientiert, wie uns die Gestaltung des Wortes „ICH" zeigt: das Wort „ICH" ist aus den Initialen des Namens „Jesus Christus" – „I" und „CH" – zusammengesetzt. Der Name, den wir uns geben, wenn wir von uns selbst sprechen, – indem wir „ich" von uns sagen – deutet schon an, daß wir zur Nachfolge des Jesus Christus berufen sind. Auch das hat der deutsche Sprachgeist wunderbar geschaffen – so wie wir auch früher schon Gelegenheit hatten, ihn zu bewundern im Zusammenhang des Wortes „Licht" mit dem „ICH". Es ist eine bewegende Tatsache, daß durch die Schöpferkraft des deutschen Sprachgeistes die drei Worte „ICH", „LICHT" und „JESUS CHRISTUS" in ihrer Prägung verwandt sind. Sie haben alle drei den gleichen geistigen Bezug.

Ob das Menschen-Ich jedoch seiner Berufung folgt, sich immer mehr mit dem Christus zu verbinden, ist in seine Freiheit gestellt. Der Mensch hat auch die Möglichkeit, sich gegen den Christus zu stellen und sich mit der Erde und ihren Freuden zu verbinden. Daher ist in der Apokalypse des Johannes das Bild für das Ich des Menschen das zweischneidige Schwert. Der Mensch, der sich gegen den Christus stellt, scheidet sich selbst aus der Menschheitsentwicklung aus:

Er wird am Ende der Zeiten in sich verhärtet haben das materielle Prinzip und wird nicht die Kraft haben, die Materie aufzulösen. Für diese Menschen wird die Materie bestehen bleiben, denn sie haben sich verwandt gemacht mit den Kräften der Materie, haben versäumt, die Liebeskraft in sich aufzunehmen. Sie haben sich selbst ausgeschlossen aus dem großen Liebesbund und werden ausgeschieden mit der zurückbleibenden Erdenschlacke. Die Guten aber werden sich um den Christus scharen und weiterschreiten zu neuem Weltenschaffen.

Wenn die Erde am Ziel ihrer Entwicklung angelangt sein wird, dann wird die Erde abfallen von der Gesamtheit der Menschenseelen, so wie die Schale einer Schnecke, so wie heute der physische Leib im Tode abfällt von der einzelnen Menschenseele. Beim Erdentode wird die Gesamtheit der Menschenseele in eine geistige Sphäre übergehen und wird wie eine Schlacke, wie eine Schalenhülle alles das abwerfen, was heute das Physische der Erde ist. „Wo wird dann die Christus-Substanz sein, wenn die Erde ihren Erdentod erlitten haben wird? Nun, sie wird durchdringen die Gesamtheit der Menschenseelen, die sich herausheben aus dem Erdenleichnam, aus der Erdenschlacke. Die Christus-Wesenheit geht mit der Gesamtheit der Menschenseelen weiter in die geistigen Sphären hinaus, um später die nächste Verkörperung des Erdenwesens, das, was wir in der Geisteswissenschaft den Jupiter nennen, zu erreichen."[49]

So kann uns der Entwicklungsgang der Menschheit selbst, der sich entfaltet in der Auseinandersetzung von Gut und Böse, für den Christus oder gegen den Christus, in dem Bild des Regenbogens entgegentreten, der sich entfaltet auf der Grundlage der Weltentitäten Licht und Finsternis.

Wir fassen zusammen, wohin uns das Lesen der kosmischen Schrift führt:

Es ist uns zwischen den beiden Ebenen des Naturdaseins und des geistig-seelischen Daseins in mehrfacher Hinsicht eine Parallele gegeben:

Da ist zunächst die Entsprechung des Lichtes zum Ich des Menschen;

ferner die Entsprechung zwischen den drei Naturgesetzen der Reflexion, Diffraktion und Refraktion zu den drei Grundkräften der menschlichen Seele des Denkens, Fühlens und Wollens;

aber auch das prozessuale Geschehen zwischen dem Licht und seinen drei Naturgesetzen einerseits und dem Ich des Menschen mit seinen drei Seelenkräften andererseits sind Entsprechungen auf den beiden Ebenen;

und schließlich entsteht in beiden Fällen ein Neues als Ergebnis des Ineinanderwirkens: bei dem Ineinanderwirken des Lichtes mit seinen drei Naturgesetzen entsteht als Neues *die Farbe*, bei dem Ineinanderwirken des Ich des Menschen mit seinen drei Seelenkräften entsteht *die Liebe*;

in beiden Fällen ist jedoch eine Grundlage für das ganze Geschehen notwendig: im Naturdasein ist es die Auseinandersetzung von Licht und Finsternis, in geistig-seelischer Beziehung die Auseinandersetzung von Gut und Böse.

Wir machen eine erstaunliche Entdeckung. Ausgehend von den Gegebenheiten des Naturdaseins wird uns der geheimnisvolle Entstehungsprozeß des Regenbogens Bild für immer höhere geistig-seelische Realitäten.

Gibt es noch eine Steigerung?

So hat die Schöpfung den Menschen in eine Natur eingebettet, die eine beredte Sprache führt. „Dem Aufmerksamen ist sie nirgends tot noch stumm.“[50] Wenn wir unseren Sinn öffnen, unser Herz beleben, wenn wir die irdische Brust in den Kräften der aufsteigenden Geistessonne im Morgenrot baden – dann, dann ist die Geisterwelt nicht mehr verschlossen!

„Wenn wir in der Natur das Seelische mitempfangen lernen mit der Sinnesanschauung, dann werden wir das Christus-Verhältnis zur äußeren Natur haben. Da wird das Christus-Verhältnis zur äußeren Natur etwas sein wie eine Art geistigen Atmungsprozesses."
GA 194, Vortr. v. 30. 11. 19

Rudolf Steiner

Der Regenbogen als Bild für das Prinzip des Werdens

Zweimal wird in den Dokumenten unserer christlichen Heilsbotschaften der Regenbogen in unser Blickfeld gerückt, am Anfang des Alten Testaments und am Ende des Neuen Testaments.

Der Anfang des Alten Testaments führt uns zurück bis zum Urgrund des Erdenwerdens, da die Schöpfung ansetzte zu dem gewaltigen Werdeprozeß, aus dem das Mineralreich, das Pflanzenreich, das Tierreich und zuletzt der Mensch hervorgehen sollte. Unmittelbar nach der grandiosen Ouvertüre der Schöpfungsgeschichte, sobald der Vorhang sich hebt über der geschichtlichen Entfaltung des Menschengeschlechtes, erscheint der Regenbogen auf dem Schauplatz des Erdenplanes. Wir hören von der bedeutungsvollen Begegnung zwischen Gott dem Herrn und Noah unmittelbar nach der großen Sintflut. Gott der Herr schließt seinen Bund mit Noah und seinen Nachkommen für ewige Zeiten, daß fortan das Menschengeschlecht nie mehr durch eine solche Sintflut hinweggerafft werden soll.

Die Sintflut war der große Strafbeschluß Gottes auf die Verderbtheit der Menschen, „weil das Trachten ihres Herzens immerfort nur auf das Böse ging. Es reute den Herrn, daß er die Menschen auf der Erde gemacht hatte, und er war tief betrübt. So beschloß denn der Herr: „Die Menschen, die ich erschaffen habe, will ich von der Erde vertilgen, die Menschen samt dem Vieh, dem Gewürm und den Vögeln des Himmels! Denn es reut mich, daß ich sie geschaffen habe." Nur Noah fand Gnade in den Augen des Herrn."[51]

Mit Noah und seinen drei Söhnen schloß Gott der Herr seinen Bund: „Ich schließe meinen Bund mit euch dahin, daß kein Geschöpf mehr durch das Wasser der Flut vertilgt werden soll und fürder keine Flut mehr komme, um die Erde zu verheeren." Dann fuhr Gott fort: „Dies Zeichen soll das Zeichen des Bundes sein, den ich zwischen mir und euch und allen Lebewesen, die bei euch sind, für ewige Zeiten schließe. Ich stelle meinen Bogen in die Wolken. Er soll das Bundeszeichen zwischen mir und der Erde sein. Wenn ich nun Wolken über der Erde zusammenballe und der Bogen in den Wolken sichtbar wird, so will ich meines Bundes gedenken, der zwischen mir und euch und allen Lebewesen jeglicher Art besteht. Nie mehr soll das Wasser zur Flut werden, die alle Geschöpfe vernichtet. Wenn der Bogen in den Wolken erscheint, werde ich ihn anschauen und des ewigen Bundes zwischen Gott und allen Lebewesen jeglicher Art, die auf Erden sind, gedenken." Und Gott sagte weiter zu Noah: „Dies ist das Zeichen des Bundes, den ich zwischen mir und allen Lebewesen auf der Erde geschlossen habe."

Im Neuen Testament erscheint der Regenbogen in einem gleichermaßen bedeutenden Augenblick. Der Apokalyptiker Johannes führt uns in seiner prophetischen Schau an das Ende der Erdenzeiten. Das wird die Zeit der großen Ernte sein, wenn die Spreu vom Weizen getrennt wird, wenn die Feinde wider den Gott in den schwefligen Pfuhl der Hölle stürzen und die Geistergebenen eingehen in die Herrlichkeit Gottes. Die Menschheit wird am Ziel ihrer Entwicklung angekommen sein.

Johannes sieht in seiner prophetischen Geistesschau den Himmel offen, und es breitet sich vor seinem inneren Auge ein erhabenes Bild mit dem Thron des Allerhöchsten, umgeben von den vierundzwanzig Ältesten in weißen Gewändern, mit goldenen Kronen auf den Häuptern, und den sieben göttlichen Schöpfergeistern. Um den Thron aber rundet sich ein Regenbogen.[52]

Zwischen diesen beiden Ereignissen als den Eckpfeilern am Anfang und am Ende der Evolution spannt sich der ganze Bogen der Menschheitsentwicklung, begleitet von dem Zeichen des Regenbogens. Der Herr will, wenn sein Zeichen in den Wolken erscheint, seines Bundes gedenken. – Wie sehr würde es im Sinne dieser Entwicklung sein, wenn auch wir Menschen bei dem Anblick des Regenbogens unseres geistigen Ursprungs gedenken würden.

Wir wollen versuchen, in unserem Wunsch nach einem vertieften Erleben dieses hohen Himmelszeichens – in dem Lesen der kosmischen Schrift – einen weiteren Schritt zu tun.

Wir wollen uns an das erregende, sprachschöpferische Wort Goethes erinnern, mit dem er den Regenbogen charakterisiert hat: „. . . des bunten Bogens Wechseldauer." Es kommt in dieser ungewöhnlichen Wortbildung sein rätselvolles Wesen prägnant zum Ausdruck: Da ist die ruhige Erscheinung, von einer gewissen Dauer, aber diese Erscheinung bildet sich neu in jedem Augenblick durch die im Sonnenlicht herunterrieselnden Regentropfen. Ein tausendfältiges Aufblitzen, ein tausendfältiges Entstehen und Vergehen.

Das Entstehen und Vergehen ist aber ein Kennzeichen alles Lebendigen – bis hin zu dem lebendigen Saft, der in unseren Adern rinnt, dem Blut, das ebenfalls in so hohem Maße das Prinzip alles Lebendigen in dem phänomenalen Entstehen und Vergehen der roten Blutkörperchen zum Ausdruck bringt. Das Blut aber ist bezeichnenderweise das physische Organ unseres Ich, das die geistige Instanz, das oberste Prinzip der menschlichen Wesenheit ist.

Wenn wir nun von der Tatsache ausgehen dürfen, daß wir „in allem physisch Wahrnehmbaren den physiognomischen Ausdruck eines Übersinnlich-Geistigen" erblicken können, dann können wir auch vermuten, daß vielleicht hinter dem Bild des Regenbogens mit seinem phänomenalen Prozeß des Entstehens und Vergehens der rieselnden Regentropfen, der das Werden schlechthin repräsentiert, eine geistige Instanz lebt, die ihr eigenes Wesen in diesem Himmelslicht offenbart. – Ja, es gibt eine solche Wesenheit!

Die Kräfte des Entstehens und Vergehens sind nicht nur ein Kennzeichen alles Lebendigen und alles Werdens; es gibt die noch viel intimere Aussage Rudolf Steiners, daß sie die zwei Grundkräfte sind, die hinter der „waltenden Weisheit" stehen; hinter der waltenden Weisheit im Gegensatz zu der Weisheit, die der Mensch in seine Begriffe hineinbringt und die gewöhnlich eine gedachte Weisheit ist. „Im Reiche der Dinge herrscht da, wo Weisheit waltet, die waltende Weisheit, die ihre Wirkungen wirklich äußert, die wirklich da ist."[53]

Das ist aber die Welt des Wahrhaftigen, in die wir da hineinblicken, die Welt dessen, der von sich gesagt hat: „Ich bin der Weg, die Wahrheit und das Leben;" es ist der Christus. Und als Bestätigung und Fortführung dieses Gedankens macht Rudolf Steiner sehr erhellende Ausführungen über das Wesen des Christus in dem öffentlichen Vortrag, den er in Nürnberg seinen Vorträgen über die Apokalypse des Johannes vorangestellt hat:[54]

„Es werden immer solche da sein jederzeit, die ebenso wie jene in Judäa und Galiläa aus dem unmittelbaren Wissen heraus sagen können, wer Christus war im Sinne des Evangeliums.

Im Sinne des Evangeliums, was bedeutet das? Nichts anderes, als *daß er von Anfang an das Prinzip war, das in allem Schaffen lebte.* Jetzt, mit Christus Jesus, kam etwas in die Welt, *was als Sinneserscheinung selbst begriffen werden sollte.* (vom Verfasser hervorgehoben). Was empfanden die ersten Jünger als das Ideal ihrer Weisheit? Nicht mehr bloß zu begreifen, wie die Geister im Geisterlande leben, sondern wie das höchste Prinzip in dieser geschichtlichen Persönlichkeit des Christus Jesus hat auf Erden vorhanden sein können."

Dieses höchste Prinzip, dieses unsere Erdenentwicklung tragende Prinzip des Lebens und des Werdens schlechthin, mit seinen Gesetzen des Entstehens und Vergehens, ist in Jesus Christus Mensch geworden, ist Sinneserscheinung geworden. Gerade so wie es der Evangelist Johannes in dem so gewaltigen Wort verkündigt hat:

„Und das Wort ist Fleisch geworden
Und hat unter uns gewohnt."

Das Weltenwort aber ist die oberste, *sinngebende* Kraft, die alles Werden durchdringt, „... so wie in uns den Klang, den unser Mund ausspricht, der Sinn des Gedankens durchdringt, das, was den Klang zum Worte macht; das fassen Sie wohl ins Auge, was den Klang zum sinnvollen Worte macht, so wie der Ton, der durch den Bogen an der Platte hervorgerufen wird, die Chladnischen Klangfiguren ordnet. Dann bekommen Sie eine Vorstellung von dem, ... was kosmisch durchwebt und Sinn gibt dem ordnenden Weltenklang: das den Raum durchwogende *Wort.* Und dieses den Raum durchwogende Wort, das sich hineinergießt in den Klangesäther, das ist zu gleicher Zeit der Ursprung des Lebens, das ist wirklich webendes, wogendes Leben, ... das ist etwas, was sich äußerlich ankündigen kann als Lichthaftes."[55]

Daher geschieht auch das Werden der Welt nicht in einer zufälligen Aneinanderreihung geschichtlicher Ereignisse, sondern in planvoller, auf das Endziel hin gerichteter Entwicklung. Vom Urbeginn an, schon als die Erde erstmals als feiner, ätherischer Himmelskörper ins Dasein trat, ist die heutige physische Menschengestalt auf der Erde Ziel für Götter gewesen. „... das Urbild der heutigen Menschengestalt ... schlummerte geistig ... in dem ätherischen Staubkorn, und die ganze

Erdenentwicklung war notwendig, damit das, was da ruhte, zum heutigen Menschen sich entwickelte."[56]

Die Entwicklung des Menschengeschlechts ist also keineswegs ein Zufallsergebnis, wie es uns die materialistische Weltauffassung zu glauben lehrt, sondern von Anbeginn an verbunden mit dem tiefsten, eigentlichen Sinn der ganzen Erde. Diese Aussage der modernen Geisteswissenschaft Rudolf Steiners finden wir bereits in wunderbarer Weise im Matthäusevangelium vorausgenommen, als Jesus in einer prophetischen Schau seine Jünger über das Ende der Erdenzeiten unterweist[57]: „Wenn dann der Sohn des Menschen kommt, umleuchtet vom Licht der Offenbarung, von allen Engeln umgeben, dann wird er den Thron einnehmen über das Reich seiner Offenbarung. Er wird vor seinem Antlitz alle Völker der Welt versammeln und unter den Menschen eine Scheidung vollziehen, so wie ein Hirte die Lämmer von den Böcken scheidet ... Dann wird er als ein König sprechen zu denen, die zu seiner Rechten stehen: Kommt, die ihr von dem väterlichen Weltengrund gesegnet seid, euch soll zu eigen gegeben sein das Reich, *das euch von der Weltschöpfung an zugedacht ist.*" (vom Verfasser hervorgehoben).

Der Träger des wahren *Lebens* läßt das gesamte Weltenwerden in sinnvoller Entfaltung ins Dasein treten, und zwar das Dasein in seiner doppelten Gestalt: als Naturlauf und als Geistentfaltung. Im Menschen schließen sich Naturlauf und Geistentfaltung wieder zusammen: der Mensch ist Naturwesen und Geistwesen zugleich, ist als Naturwesen Träger des Gottesfunkens, den zu einer lodernden Flamme zu entfachen zwar in seine Freiheit gestellt, jedoch seine eigentliche Erdenaufgabe ist.

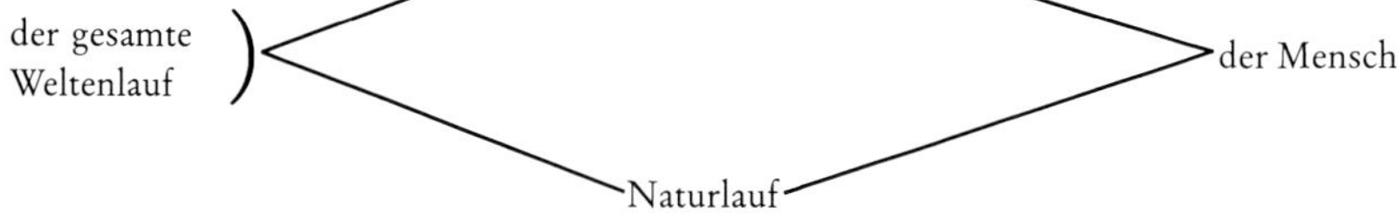

Die Jünger sollten begreifen, wie das höchste Prinzip, die oberste, sinngebende Kraft, das Prinzip der waltenden Weisheit selbst, „in dieser geschichtlichen Persönlichkeit des Christus Jesus hat auf Erden vorhanden sein können". Es ist das Prinzip der waltenden Weisheit nicht nur etwas, was bloß im Unsichtbaren zu begreifen ist, sondern das das Wort selber ist, das Fleisch geworden ist. „Ihr sollt wissen, daß mit dieser menschlichen Persönlichkeit eine Kraft erschienen ist, die in fernste Zukunft hineinwirken wird."[58] Es ist dasselbe Prinzip, das von Anfang an allem Erdenwerden zugrunde liegt. Es ist auch wieder Johannes, der uns diese Wahrheit mit den Worten seines Evangeliums verkündet:

„Im Urbeginne war das Wort,
und das Wort war schaffend bei Gott
und ein göttliches Wesen war das Wort.
Dieses war im Urbeginne schaffend bei Gott.
Durch es sind alle Dinge geworden,
und nichts von allem Entstandenen ist anders als durch das Wort geworden.
In ihm war das Leben,
und das Leben war das Licht der Menschen.
Und das Licht scheint in die Finsternis;
aber die Finsternis hat es nicht aufgenommen."[59]

Ist es nicht ein Wunder, daß die Menschheit ein Himmelszeichen empfängt, das in seinem Enstehungsprozeß Bild ist für das Prinzip des Werdens, das der Christus selbst ist? Und wenn man um die Zusammenhänge weiß, die um den Jahve und den Christus weben, dann empfindet man, daß es der Christus selbst war, der durch Jahve der Menschheit sein eigenes Himmelszeichen mit auf den Weg ihres Werdens gegeben hat, das als leuchtende, farbige Lichterscheinung das Prinzip seines eigenen Wesens offenbart, sein Wesen immerdar allen Menschen vergegenwärtigend.

„... so wird uns alles, was uns im Leben entgegentritt, Großes und Kleines, vertieft und mit einem neuen Licht durchstrahlt durch die anthroposophische Gesinnung, die sich darin bekundet, daß man in allem physisch Wahrnehmbaren den physiognomischen Ausdruck eines Übersinnlich-Geistigen erblickt."[60]

Wir verdanken es der modernen Geisteswissenschaft Rudolf Steiners daß uns der Regenbogen unter dem Aspekt des Prinzips des Werdens ein Bild sein kann für das Wesen des Christus.

„Wenn wir in der Natur das Seelische mitempfangen lernen mit der Sinnesanschauung, dann werden wir das Christus-Verhältnis zur äußeren Natur haben. Da wird das Christus-Verhältnis zur äußeren Natur etwas sein wie eine Art geistigen Atmungsprozesses."[61]

Wenn wir schon in den zahllosen Sinnesanschauungen unserer Erde das Christus-Verhältnis haben können, um wieviel mehr kann dieses der Fall sein bei dem besonderen Himmelszeichen des Regenbogens. Das empfindende, dem Geistigen aufgeschlossene Gemüt kann in dem erhabenen Bild des Regenbogens eine Brücke finden von den mannigfaltigen Erscheinungen dieser Welt zur geistigen Welt und sich erheben bis hin zu der Wesenheit des Christus:

Im Zusammenhang mit dem Licht und den es bedingenden drei physikalischen Gesetzen der Reflexion, Diffraktion und Refraktion ist der Regenbogen Bild für das Ich des Menschen und seine drei Seelenkräfte des Denkens, Fühlens und Wollens.

Unter dem Aspekt des Urphänomens mit der Auseinandersetzung von Licht und Finsternis ist er Bild für die Entwicklung des Menschengeschlechts bis zur Endzeit mit ihrer Auseinandersetzung von Gut und Böse.

Der Regenbogen ist aber auch Bild für die beiden Urkräfte des Entstehens und Vergehens und somit für das Prinzip des Werdens überhaupt.

Damit ist er aber zugleich Bild für diejenige Wesenheit, die im Sinne des Evangeliums selbst Träger ist des Werdens, des Wirkensprinzips der waltenden Weisheit, des Christus.

Dieses Bild kann nicht mehr gesteigert werden. Wir haben die denkbar höchste Ebene erreicht. Christus in seiner wahren Gestalt ist „das göttliche Schöpfungswort". In Christus ist der Sinn der Erde und unserer ganzen Evolution beschlossen.

Goethe hat in dem Gespräch mit Eckermann voller Ehrfurcht von der hohen Bedeutung der Urphänomene gesprochen, und daß man hinter ihnen „unmittelbar die Gottheit zu gewahren glaube". Er konnte nicht ahnen, zu welchen konkreten Erlebnissen wir gelangen, wenn wir uns auf seinen Spuren weiterbewegen. Was für eine Gnade wird uns Menschen zuteil, daß wir uns auf dem Weg über unser Denken und Empfinden den heiligen Bezirken der geistigen Welt nähern können. Wir versuchen, die Weisheit, die uns Rudolf Steiner vermittelt, aufzunehmen und zu verstehen. Es überkommt uns das Gefühl der Ehrfurcht gegenüber den geistigen Schöpfermächten, die sich bis in die Erscheinungen der sichtbaren Welt hinein manifestieren – Ehrfurcht gegenüber der schier nicht zu fassenden Tatsache, daß die Schöpfermächte das Geschöpf „Mensch" hervorgebracht haben, das in seinem Inneren das Werden der Welt und sein eigenes Werden in lichthaftem Bewußtsein spiegeln kann. Voller Demut empfangen wir solchen Einblick – aber auch mit dem Gefühl der Verantwortung, die uns auferlegt ist durch die besondere Rolle, die der Mensch innerhalb des Weltenwerdens spielt.

Der Anblick des Regenbogens erhebt uns zu den höchsten Empfindungen. In dem Erlebnis des Regenbogens schließen sich die heute getrennten Gebiete von Wissenschaft, Kunst und Religion wieder zusammen. Sein geheimnisvolles Zustandekommen als Naturerscheinung ist dem Wissenschaftler ein schwer zu durchschauendes Phänomen. Seine erhabene, strahlende, ästhetisch-schöne Lichterscheinung übt einen besonderen Zauber auf das empfindende, menschliche Gemüt aus. Es tönt uns aus seinem Erleben unmittelbar die Stimme Gottes entgegen, der mit diesem Himmelszeichen seinen Bund mit den Menschen zum Ausdruck bringt, sein eigenes Wesen in diesem zum Bilde zusammengeronnenen Werdewesen offenbarend.

Alle irdischen künstlerischen Bemühungen reichen nicht aus, dem Wesen des Farbenbogens nahe zu kommen. Auch die ehrlichsten Versuche bleiben hinter dem Naturerlebnis zurück. Engelszungen müßten sein Wesen verkünden, und himmlische Musik müßte sie begleiten.

„Es ist die Farbe dasjenige, was sich heruntersenkt bis zur Oberfläche der Körper, es ist die Farbe auch dasjenige, was den Menschen von dem Materiellen erhebt und in das Geistige hineinführt.“
GA 291, Vortr. v. 7. 5. 21

Rudolf Steiner

Der innere Regenbogen des Menschen

Es gehört zu den grundsätzlichen Mitteilungen der anthroposophischen Geisteswissenschaft, daß der Mensch mit seinem ganzen Wesen – als leibliches, seelisches und geistiges Wesen – ein Glied des ganzen Weltalls ist. Der gesamte Weltenumkreis klingt im Menschen wie in einem Punkt zusammen, so daß der Mensch wohl auch als Mikrokosmos bezeichnet wird. Es kann eigentlich gar nicht anders sein, als daß eine so urbildliche Himmelserscheinung wie der Regenbogen auch im Menschen wiederzufinden ist. Aber wie kann man diese Aussage verstehen?

Wenn wir von der runden Gestalt des Bogens absehen und zurückblicken auf seinen Entstehungsprozeß, so bleibt als Wesentlichstes, daß da Farben aufleuchten in dem Spannungsfeld von Licht und Finsternis. Unsere erste Frage gilt daher dem Wesen der Farben selbst, und engstens verbunden damit erhebt sich die Frage: was bedeuten die Farben im Weltall.

Dazu gibt uns Rudolf Steiner eine fundamentale Aussage[62]:

> „Farbe ist Seele der Natur und des ganzen Kosmos, und wir nehmen Anteil an dieser Seele, indem wir das Farbige miterleben."

Unsere ganze Erdennatur und der Kosmos sind beseelt; in der Farbe wird die Seele der Natur und des ganzen Kosmos für Menschenaugen sichtbar, und der Mensch kann die Farben seelisch erleben und dadurch Anteil an der Seele der Natur und des ganzen Kosmos nehmen. Die Farbe, eine Brücke zwischen dem Menschen und der Seelenwelt! Was uns äußerlich als Farbe erscheint, hat ein Inneres, hat einen Wesenskern, und der ist Seele. Menschenseele reagiert mit ihren Empfindungen auf die sichtbaren Erscheinungen der Weltenseele und beweist damit, daß beide gleichen Wesens sind, denn „Gleiches kann nur von Gleichem erkannt werden", wie das Weisheitswort der alten griechischen ionischen Philosophenschule lautete, das uns Goethe in der Einleitung zu seiner Farbenlehre übermittelt hat. Ohne diesen inneren Bezug wäre

z. B. die VI. Abteilung von Goethes Farbenlehre, die „Sinnlich-sittliche Wirkung der Farbe“, nicht denkbar. Sie gilt heute als Juwel – auch bei denjenigen, die Goethes Farbenlehre im übrigen nicht akzeptieren, denn Goethe hat darin außerordentlich feinsinnige und treffende Betrachtungen über die einzelnen Farben angestellt. Die Menschenseele vermag das Qualitative der Farbe zu empfinden. Es wird lohnend für das Verständnis des inneren Regenbogens des Menschen sein, wenn wir Goethes Ausführungen wenigstens in Bezug auf das Wesensbild zweier Farben folgen. Es sollen dies Rot und Blau sein, die Farben, die uns ja schon beim Urphänomen beschäftigten.

„Blau stimmt zu einer unruhigen, weichen, sehnenden Empfindung. Es ist wie bei einem „angenehmen Gegenstand, der vor uns flieht und den wir gern verfolgen“. Es dringt nicht auf uns ein, sondern es weicht vor uns zurück, „es zieht uns nach sich“. – Die deutsche Romantik hat ein Bild geprägt, in dem diese Stimmung der Sehnsucht in einzigartiger Weise zum Ausdruck kommt; das ist das Bild der blauen Blume[63]. Der Jüngling träumt von der blauen Blume und wird von übermächtiger Sehnsucht nach ihr ergriffen. Die Sehnsucht treibt ihn über die ganze Welt, um sie zu suchen, „sie zieht ihn nach sich“. Diese Blume könnte nicht rot sein – die Farbe, die auf uns eindringt. Blau dagegen weicht vor uns zurück, zieht uns im wahrsten Sinne des Wortes nach sich. Blau ist die Farbe der Sehnsucht: Die blauen Berge in der Ferne, da, wo ich nicht bin, da ist das Glück! Es ist die Farbe selbst, die Farbe der Sehnsucht, die den Jüngling in die Ferne zieht.

Das Rot dagegen ist aktiv, kommt uns entgegen. Besonders das Zinnoberrot „scheint sich uns ins Organ zu bohren“. Der Farbenkreis zeigt sich in dieser Farbe in seiner höchsten Energie, die Wirkung kann sich „bis zum unerträglichen Gewaltsamen“ steigern.

So polar, wie wir diese beiden Farben in den getrennten Erscheinungen des Urphänomens erlebt haben, so polar erleben wir sie auch in ihrem innersten Wesensgehalt als Seelenstimmungen. Es genügt dabei ganz und gar nicht, daß wir diese Aussagen als blasse Mitteilung in uns aufnehmen, sondern es wäre sehr sinnvoll und geradezu heilsam, wenn wir in der Seele diese radikal gegensätzlichen Stimmungen nachvollziehen würden. Allzusehr ist der Mensch heute noch gewohnt, die Farben einfach nebeneinander zu reihen, ohne sich ihres qualitativen Wesensgehalts bewußt zu werden. Wenn wir jedoch versuchen würden, in die wirklichen Tatsachen einzutauchen, dann würden wir noch ein weiteres an den Farben erleben, das ist das Bewegungselement.

Jeder Farbe wohnt auf die ihr eigene Weise ein Bewegungselement inne, und auch dieses findet in den besprochenen Farben Rot und Blau seinen gegensätzlichen Ausdruck, so daß man es auch in der Formel ausdrücken kann:

Rot kommt nach vorne,
Blau weicht zurück.

Die Tatsache, daß Blau vor uns zurückweicht und Rot auf uns zukommt, wird über die ganze Welt hin von allen Menschen so elementar empfunden, daß man sich diese Farbwirkungen sogar im Straßenverkehr zunutze macht. Über die ganze Welt hin ist die rote Ampel das Zeichen für „Halt!“, wir prallen geradezu zurück vor der Macht der roten Attakke. Wie gut, daß es in unserem materialistisch gesinnten Zeitalter noch kleine Inkonsequenzen gibt! Wenn man schon nichts von dem qualitativen Farbenerleben hält, könnte man auf die Idee kommen, einfach die Zahl der Frequenz der roten Schwingungen als Haltesignal aufleuchten zu lassen – aber da ist das Rot mit seiner Farbengewalt eben doch wirkungsvoller! Für die freie Durchfahrt nimmt man allerdings nicht Blau, sondern Grün, weil Blau weniger sichtbar ist als das Grün. Das Grün leuchtet heller auf durch den Anteil des Gelben.

Auf die verschiedenen Bewegungstendenzen der Farben gründet Rudolf Steiner einen ganz neuen Begriff in der Malerei, „die Farbenperspektive“. Was Goethe vor 200 Jahren in der Abteilung der „Sinnlich-sittlichen Wirkung der Farbe“ veranlagt hat, findet durch Rudolf Steiner unmittelbar praktische Anwendung für den Maler und führt zu einer völlig neuen Anwendung der Farben. Die bisher gebräuchliche Linienperspektive, in der die Tiefe des Raumes, die dritte Dimension, durch Linien auf der Fläche dargestellt wird, kann abgelöst werden durch die Farbenperspektive, bei der sich die dritte Dimension durch die Farbe selbst bewirken läßt. Rot drängt sich in den Vordergrund, Blau weicht nach hinten zurück. „Die Linienperspektive will ja eigentlich immer durch eine Verfälschung das Plastische auf die Fläche zaubern.“[64] Die dritte Dimension kann aber bei der Malerei erreicht werden „durch das der Malerei eigene Medium, die Farbe."

Wenn wir den Bewegungsimpuls, der zu dem Stimmungsgehalt der Farbe als Seelenwesen hinzukommt, in unserer Seele wirklich realisieren, dann werden wir auch leicht den weiteren Ausführungen Rudolf Steiners folgen, daß durch die Farbe Leben und Bewegung selbst in das Figurale kommt[65]:

„Wenn Sie Formen vor sich haben, so ist die Form allerdings das Ruhende, die Form bleibt stehen. Aber in dem Moment, wo die Form Farbe hat, hebt sich durch die innere Bewegung der Farbe die Form aus der Ruhe heraus, und es geht der Wirbel der Welt, der Wirbel der Geistigkeit durch die Form hindurch. Färben Sie eine Form, so beleben Sie sie unmittelbar mit dem, was in der Welt Seele ist, Weltenseele ist, weil die Farbe nicht der Form allein gehört, sondern weil die Farbe, die Sie der einzelnen Form erteilen, diese Form hineinstellt in den ganzen Zusammenhang der Welt ... Seele hauchen Sie ein der toten Gestalt, wenn Sie die mit Farben beleben ... Und könnte man es unmittelbar miterleben mit der Farbe, daß Rot und Blau in der geschilderten Weise lebendig und beweglich sind, so würde man tatsächlich auch innerlich mit dem lebendig sich bewegenden Farbenflutigen mitgehen, man würde in der Seele gleichzeitig die wie im Wirbel übereinander sich lagernden Attacken und Sehnsuchten, das Fliehen und das hingebungsvolle Gebet, die hintereinander vorübergehen, man würde sie in seiner Seele nachempfinden."

Mit welch temperamentvollen Worten läßt uns Rudolf Steiner das lebendig-bewegliche Farbenfluten miterleben! Wir sehen daraus, wie notwendig es ist, daß wir unsere Seelen weiten und öffnen, den niederziehenden, verhärtenden Tendenzen unseres technischen Zeitalters zum Trotz. Diese befeuernden Worte Rudolf Steiners bestätigen uns, was Marie Steiner in der Einleitung zu dem Zyklus über „Das Wesen der Farben" sagt:

„Und die Künstler können an seinem zündenden Weltenfeuer erleben, wie das Tote wieder lebendig wird und wie die Keimkräfte alles Lebens sich urgewaltig regen, wenn man die starren Wände unseres toten Intellekts durchbricht, die uns vom schöpfersichen Wort trennen."

Das Bewegungselement, das wir somit geradezu als ein Kennzeichen der Farbe ansehen können, ist aber gleichzeitig auch ein Kennzeichen des Seelischen. Das ist leicht einzusehen, wenn wir z. B. die Pflanze mit dem Tier vergleichen, das ja durch das seelische Element bestimmt ist. Die Pflanze wurzelt in der Erde. Sie kann ihren Standort nicht verändern. Himmel und Erde geben ihr die Nahrung. Im Sinne der modernen Geisteswissenschaft Rudolf Steiners besitzt die Pflanze zwei Wesensglieder: den Physischen Leib und den Ätherleib (Lebensleib). Mit dem Tier brachte die Schöpfung ein Wesen hervor, dem zusätzlich Astralität, Seelisches eingegliedert wurde. Damit wurde das Tier zu einem selbständigen Organismus, der in seinem Inneren Freude und Schmerz empfinden kann, der sich frei über die Erde hin bewegen kann und sich seine Nahrung selbst suchen muß. An diesem Beispiel ist die zweifache Wirkung der Astralität besonders deutlich: nach innen das Stimmungserlebnis, nach außen das Bewegungselement.

Selbstverständlich wirkt sich die Astralität auch im Menschen in entsprechender Weise aus; jedoch ist der Mensch darüberhinaus Geistträger, und die ganze Organisation der menschlichen Wesensglieder steht im Dienste des Geistes, des „Ich"; denn immer wird das Niedere von dem Höheren bestimmt.

So, wie es also eine zweifache Wirkung des Seelischen gibt – innerlich als Stimmungsgehalt, äußerlich als Bewegungselement – ebenso gibt es auch bei der Farbe eine zweifache Wirkung: eine innerliche Wirkung als Stimmungsgehalt und eine äußerliche Wirkung als Bewegungselement.

Das Geheimnis der Farbe ist nun einmal, daß sie ihrem innersten Wesen nach Seele ist, Weltenseele ist. Im Menschen ist allgemeine Weltenseele individuell geworden: so wie im Schwamm, den man ins große Meer taucht, das Wasser „individuell" wird. Das Seelische des Kosmos und das Seelische des Menschen ist eines Ursprungs. An der Oberfläche der Dinge der sichtbaren Welt wird die Weltenseele sichtbar als Farbe. So ist die Farbe die Brücke zwischen der sichtbaren und der unsichtbaren, geistigen Welt[66]:

„Es ist die Farbe dasjenige, was sich hinuntersenkt bis zur Oberfläche der Körper, es ist die Farbe auch dasjenige, was den Menschen von dem Materiellen erhebt und in das Geistige hineinführt."

Einen entscheidend weiterführenden Schritt zum Verständnis des inneren Regenbogens des Menschen führt uns Rudolf Steiner in seinem

Vortrag über „Die Hierarchien und das Wesen des Regenbogens“[67] durch die Mitteilung, daß die Farbe in unserer jetzigen Erdenzeit „von innen her erlebt wird“. Wie ist das zu verstehen?

Wir hören in diesem Vortrag zunächst, daß wir das gesamte Farbenwesen der Wirksamkeit der dritten Hierarchie, den Engeln, Erzengeln und Archai verdanken, die auf einer ganz bestimmten Entwicklungsstufe unserer Erde das Farbenwesen dem ganzen Entwicklungsgeschehen einverwoben haben. Dieses vollzog sich auf der unserer Erde vorangegangenen planetarischen Entwicklungsstufe, auf dem „alten Mond“. Das Farbenwesen ist im großen Schöpfungsgang auf dem alten Mond durch die dritte Hierarchie entstanden, welche damals „Licht in Finsternis und Finsternis in Licht“ getragen hat und dadurch auf dem Planeten ein „farbenschillerndes Spiel hervorgerufen hat.“

Diese farbenschillernde Welt des „alten Mondes“ aber wurde auf der darauffolgenden Entwicklungsstufe, auf der Erde, im Menschen „innerlich durchlebt“. „... Es trat dieses auf, innerlich zu erleben dieses Farbenspiel, es innerlich zu machen.“

Was heißt das aber, daß die Farbe im Menschen innerlich erlebt wird? Das heißt nichts anderes, als daß der Mensch in sich selbst das ganze Farbenwesen erlebt in Gestalt seiner seelischen Stimmungen, von der leisesten Freude bis zur mitreißenden Begeisterung; Schmerz, Sehnsucht, Hoffnung, Enttäuschung – Seelenstimmungen in allen Schattierungen und Nuancen durchfluten die menschliche Brust. „Der Wirbel der Welt, der Wirbel der Geistigkeit“ tobt in der eigenen Menschenbrust. Derselbe Wirbel, den wir bei einem spirituellen Erleben der roten und blauen Farbe in der Astralität der Welt erleben als bewegendes Farbenflutiges, als „wie im Wirbel sich übereinander lagernde Attacken und Sehnsuchten, das Fliehen und das hingebunsvolle Gebet, die hintereinander vorübergehen“ – alles das spielt sich auch in unserer eigenen Seele ab. Wir stoßen in der uns umgebenden Welt überall auf Verwandtes.

Im Menschen hat die Schöpfung ein Wesen geschaffen, das in sich selbst die Welt des Farbenflutigen erlebt als das gesamte Spektrum seiner Seelenstimmungen und sich ihrer auch bewußt ist. Im Menschen wird das Farbenwesen „innerlich durchlebt“.

Zu der Berechtigung, von dem inneren Regenbogen des Menschen zu sprechen, gehört aber nicht nur das Farbenspektrum, sondern auch das Spannungsfeld von Licht und Finsternis. Auch das Spannungsfeld von Licht und Finsternis hat eine Analogie im Menschen-Inneren, wie Rudolf Steiner in demselben Vortrag weiter ausführt:

„Es trat dieses auf, innerlich zu erleben dieses Farbenspiel; zu erleben, wenn Finsternis innerlich das Licht dominiert, Schwachheit zu fühlen; – wenn Licht die Finsternis dominiert, Aktivität zu fühlen. Denn was ist es, wenn Sie laufen? Wenn Sie laufen, ist es eben so, daß Licht in Ihnen die Finsternis dominiert; wenn Sie sitzen und faul sind, dominiert die Finsternis das Licht. Es ist ein seelisches Farbenwirken, seelisches Farbenschillern. Von Leben durchsetztes, durchströmtes Farbenschillern trat auf, indem die vierte Hierarchie, der Mensch, kam."

So steht also das ganze Seelengefüge des Menschen unter dem Spannungsfeld von Aktivität und Passivität, die aber nichts anderes sind als von innen erlebtes Licht und von innen erlebte Finsternis.

Das Menschen-Innere selbst ist der Schauplatz, auf welchem sich Licht und Finsternis begegnen in Form von Aktivität und Passivität. In diesem Spannungsfeld leuchtet auf das Farbengewoge unserer Seelenstimmungen, ja, man kann vielleicht sagen, unseres ganzen Lebensgefühls.

Der Mensch trägt in sich seinen eigenen Regenbogen. Wir tragen in unserer Brust dieselben Kräfte, die in den Wolken zu der leuchtenden Erscheinung des Regenbogens führen.

So wunderbar ist diese Tatsache, aber es ist eine Tatsache.

„Richtig sehen wir das Farbige in der Natur, wenn uns das Farbige anregt, vorzeitiges Götterschaffen in dieser Natur zu schauen."
GA 291, Vortr. v. 2. 6. 23

Rudolf Steiner

Ausklang

Das Farbenerleben als Weg zu einem christlichen Weltverständnis

Die Farbe ist für uns Erdenmenschen von tiefgreifender Bedeutung. Wir sind uns in dem Alltag unseres Lebens nicht bewußt, welche heilsame Wirkung es auf uns tut, daß die Welt voller Farben ist; wir wissen erst nach einem langen Winter, oder nach einer Reihe von grauen Nebel- und Regentagen, was wir entbehrt haben. Wenn die Sonne wieder scheint, atmen wir befreit auf und genießen das Licht und die Farben. Unser Lebensgefühl steigt. Die Farben geben unserem Lebensgefühl gleichsam eine Art tragender Grundlage und tun ihre Wirkung, auch wenn wir sie nicht bewußt in uns aufnehmen.

Unsere Erde ist der einzige Planet, der das Farbenwesen in solcher Fülle trägt. Auf den anderen Planeten herrschen ganz andere atmosphärische Bedingungen, die weder Farben noch pflanzliches und tierisches Leben entstehen lassen – auf dem Mond schon insofern nicht, als er keine Atmosphäre hat. Unendlich dankbar können wir sein, daß unsere gute Erde mit solchem Reichtum ausgestattet ist.

Daß die Farbe sogar für den Entstehungsprozeß unserer Erde von Bedeutung ist, darauf weisen bemerkenswerte Aussprüche sowohl von Goethe als auch von Rudolf Steiner hin.

Goethe sagt von dem Wesen der Farbe[68]:

> „Die Farbe gehört zu den uranfänglichen Naturerscheinungen."

Rudolf Steiner hat diese Aussage bestätigt[69]:

> „Denn, verstehen Sie die Farbe, dann verstehen Sie ein Ingrediens der ganzen Welt."

Aber es gibt eine noch viel konkretere Aussage Rudolf Steiners über den Entstehungsprozeß unserer Erde im Zusammenhang mit den Farben, daß nämlich innerhalb unseres Erdenwerdens die Elohim gelernt haben,

> „aus den Farben heraus die Formenwelt zu gestalten. Wir werden lernen, etwas zu empfinden von dem Schöpferischen der Geister der Form, die uns als Geister die Elohim sind, und wir werden dann begreifen, wie die Formen der Farbe Werk sein können."[70]

Wir stellen uns vor, wie die Farben dahinfluten durch den Raum und sich ihrem Wesen gemäß ausbreiten, und wie sich Formen da bilden, wo sich die Farben begegnen.

Trotzdem sind es rätselhafte Äußerungen; das Auffallende ist, daß sowohl Goethes als auch Rudolf Steiners Äußerungen darauf hindeuten, daß die Farben so etwas wie die Bausteine des großen Weltgebäudes sind – ein Gedanke, bei dem uns das Farbenwesen eher noch rätselhafter wird.

Wenden wir uns zunächst der Aussage Goethes zu und seiner Einsicht, die er in das Wesen der Farben gewonnen hat und versuchen wir sodann, auf dieser Grundlage auch die Ausführungen von Rudolf Steiner zu verstehen.

Das Wesen der Farben zu ergründen war Goethes ureigenstes Anliegen. Der Anlaß, das Farbenstudium aufzunehmen, waren Fragen der Kunst, Fragen nach den besonderen Wirkungen der Farbgebung z. B. in den Meisterwerken der großen Kunst des Mittelalters. Goethe vermutete daß den Farben Gesetzmäßigkeiten zugrunde liegen, und er fand bald die wichtigsten Begriffe seiner Farbenlehre, die uns allerdings eine überraschende Gesetzmäßigkeit offenbaren.

Da sind zunächst die Gesetze: Polarität, Steigerung, Kulmination und Totalität. Das beste Anschauungsmaterial, um den Leser mit diesen Begriffen bekannt zu machen, ist Goethes Farbkreis, das Wahrzeichen seiner Farbenlehre. Aus dem Farbkreis sind diese Begriffe überschaubar abzulesen.

Wir sehen links und rechts Gelb und Blau als Basis eines gleichseitigen

Dreiecks, an dessen Spitze der Purpur steht. Von den beiden Polen Gelb und Blau aus aufwärts bewegen sich auf beiden Seiten die Prozesse der Steigerung in gleitenden Übergängen bis zu ihrer Begegnung in der Kulmination im Purpur. Nach unten hin vermischen sich die Polaritäten Gelb und Blau zu Grün; Purpur und Grün liegen einander gegenüber.

Dem Farbkreis mit seinen sechs Farben – die wir uns allerdings auch mit gleitenden Übergängen denken können – liegt „das geheimnisvolle Sechseck" zugrunde.

Der Farbkreis stellt die Farb-Totalität dar; in ihm ist die Summe aller Farben enthalten. Alle nur denkbaren Farbnuancen können durch Mischung der Farben des Farbkreises entwickelt werden.

Die große Frage ist, was sagen uns die Begriffe Polarität, Steigerung, Kulmination und Totalität? In welchen Bereich sind diese Begriffe ihrem Wesen nach einzuordnen?

Es ist unschwer zu erkennen, daß diese Begriffe dem allgemeinen Reich des Lebendigen angehören, das sich am allerdeutlichsten im Pflanzenreich offenbart. Im Pflanzenreich können sich die Gesetze des Lebendigen in reiner Form offenbaren. Wir wollen uns daraufhin die einzelnen Begriffe anschauen.

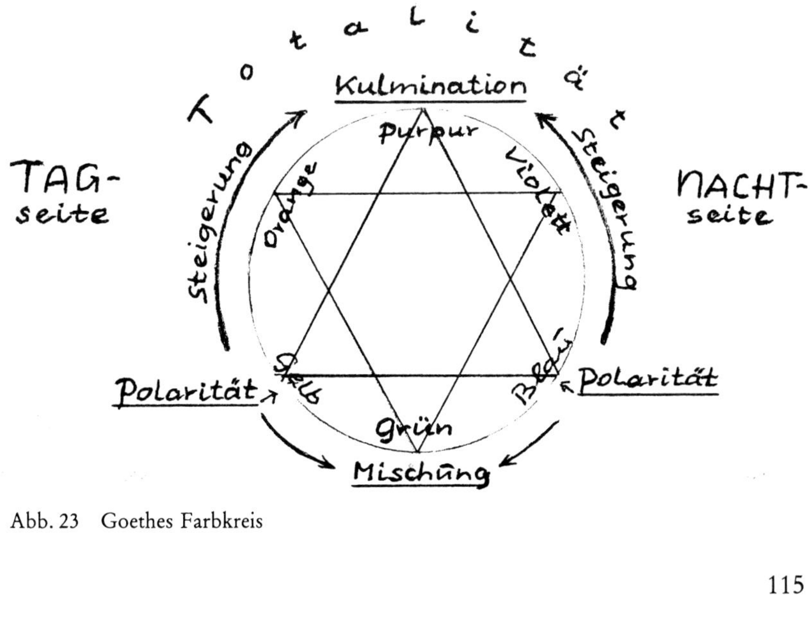

Abb. 23 Goethes Farbkreis

Polarität:

Die Pflanze ist, botanisch gesehen, ein bipolares Wesen; vom Samen aus entwickelt sie sich in zwei entgegengesetzten Richtungen; sie wächst der Sonne entgegen und sendet ihre Wurzeln in die Erde. Licht und Finsternis bestimmen die Richtungen, in denen sie sich entfaltet.

Die Farben werden ebenfalls wesentlich bestimmt durch Licht und Finsternis; sie entfalten sich in Bezug auf ihren Helligkeitswert zwischen Licht und Finsternis; Gelb ist dem Licht am nächsten, Blau ist der Finsternis am nächsten. Gelb und Blau sind polare Farben, insofern Gelb den größten Anteil am Licht und Blau den größten Anteil an der Finsternis hat.

Steigerung:

Das Pflanzenwachstum entwickelt sich in Bezug auf Form und Farbe auf dem Wege der Steigerung. Die ersten zwei Keimblätter sind noch ganz undifferenziert; dann entstehen immer ausgeprägtere, kompliziertere, charakteristischere Formen. Aber nicht nur in Bezug auf die Formen, sondern auch in Bezug auf die Farbbildung können wir bei der Pflanze eine Steigerung erkennen, indem die Sonne das allgemeine Pflanzengrün metamorphosiert und in der Blüte Glanzfarben aufleuchten läßt.

In der Farbenwelt vollziehen die beiden polaren Farben Gelb und Blau auf den beiden Seiten des Farbkreises den Prozeß der Steigerung; das Gelb wird zum Orange und Zinnoberrot, das Blau wird zum Ultramarin und Violett.

Kulmination:

Die höchste Entwicklungsstufe *der Pflanze* ist der Same. Im Samen sind die Kräfte der ganzen Pflanze wie in einem Punkt zusammengezogen.

Die höchste Entwicklungsstufe *des Farbkreises* ist der Purpur. Inwiefern können wir den Purpur in seiner Qualität als Same erkennen? – Goethe hat diesen außerordentlichen Gedanken in dem § 793 seiner Farbenlehre ausgesprochen: „Wer die prismatische Entstehung des Purpurs kennt, der wird nicht paradox finden, wenn wir behaupten, daß diese Farbe teils actu, teils potentia (teils als Tatsache, teils als Möglichkeit) alle anderen Farben enthalte." – Wir können aber auch am Farbkreis selbst ablesen, daß der Purpur alle anderen Farben enthält: und zwar, wenn wir das prozessuale Geschehen, dem der Purpur seine Entstehung verdankt, zurückverfolgen bis zu seinem Ursprung, den Farben Gelb und Blau; wir sehen, daß der Prozeß alle Farben durchwandert. Demnach enthält der Purpur der Qualität nach alle anderen Farben. – Das ist aber das Kennzeichen des Samens in Bezug auf die Kräfte der ganzen Pflanze.

Das Grün brauchen wir dabei nicht zu berücksichtigen, denn es ist ja aus Gelb und Blau zusammengesetzt.

Mischung:

„Im grünen Blatt *der Pflanze* sind Stoff und Geist gemischt."[71] In der Sprache der Geisteswissenschaft hat die Pflanze zwei Wesensglieder: den physischen Leib und den Ätherleib; es durchdringen, bzw. mischen sich somit der stoffliche und der geistige Teil. Wir können den grünen Pflanzenfarbstoff, das Chlorophyll – unter Mitwirkung von Licht, Luft und Wasser – als das Ergebnis dieser Mischung ansehen.

In der Farbenwelt entsteht das Grün aus der Mischung von Gelb und Blau.

Totalität:

In der *Pflanzenwelt* ist dieses die gesamte Pflanze, in der *Farbenwelt* der ganze Farbkreis.

Die Reihe der Beispiele ließe sich noch weiterführen, aber es würde den Rahmen dieser Schrift überschreiten. So sei zuletzt nur noch die „sukzessive Genese" besprochen.

Die successive Genese:
(Die allmähliche Entwicklung)

Mit dieser lateinischen Prägung bezeichnet Goethe die Tatsache, daß bei den prismatischen Versuchen das prismatische Bild nicht als fix und fertiges Bild das Prisma verläßt, sondern die Farberscheinung ist zunächst ganz schmal; sie wird aber mit zunehmender Entfernung immer breiter, ist also zunächst ein Werdendes.

„Die prismatische Erscheinung ist also keineswegs fertig und vollendet, indem das leuchtende Bild aus dem Prisma hervortritt. Man wird alsdann nur erst ihre Anfänge im Gegensatz gewahr; dann wächst sie, das Entgegengesetzte vereinigt sich und verschränkt sich zuletzt aufs innigste ... daß diese Erscheinung nie als eine fertige, vollendete, sondern immer als eine werdende, zunehmende ... anzusehen ist. Deswegen sie auch ... wieder nach und nach abnimmt und zuletzt völlig verschwindet."[72]

Goethe weist damit auf das Entstehen und Vergehen der prismatischen Farben hin. Das Entstehen und Vergehen ist aber grundsätzlich das Urprinzip alles Lebendigen. Auch damit ist also eine Parallele zwischen dem Reich des Lebendigen und den Farben gegeben.

Und letztendlich – haben wir nicht schon längst das Geheimnis der Farben berührt, als wir in einem vorigen Kapitel sahen, wie die Farben gleichsam als triumphale Gehäuse des Lichtes aufleuchten – gerade so wie das Wunder der Liebe aufblüht als reifste Frucht unserer Menschenseele?

Die Farbengesetze tragen in sich die Gesetze des allumfassenden Reichs des Lebendigen. Das ist außerordentlich bedeutsam.

Die Farben offenbaren *das Leben*

Das ist das Geheimnis der Farben. Wenn uns diese Erkenntnis wirklich zum Erlebnis wird, so ist sie imstande, unser Weltbild zu verändern.

Hier sei noch eine Erläuterung eingeschoben, um Mißverständnissen vorzubeugen. Wir hören hier „Die Farben offenbaren das Leben." Dem steht aber ein anderes Wort von Rudolf Steiner gegenüber, das wir bereits früher kennen gelernt haben: „Farbe ist Seele der Natur und des ganzen Kosmos ..." Ist das nicht ein Widerspruch?

Wenn wir genau auf den Wortlaut achten, ist es kein Widerspruch. Die Farbe ist ihrer inneren Natur nach Seele, jedoch offenbart sie die Gesetze – bzw. folgt sie den Gesetzen – des Lebendigen. Verhält es sich nicht auch ebenso mit dem Tier? Die Natur des Tieres ist gekennzeichnet durch das Seelische; es offenbart dennoch die Gesetze des Lebendigen, indem es wachsen und sich fortpflanzen kann. – Ebenso gilt dieses übrigens auch für den Menschen, jedoch ist das Wesen des Menschen damit nicht erschöpft; der Mensch ist darüber hinaus als Naturwesen Geistträger.

So führt uns Goethe durch die Abteilungen seiner Farbenlehre, uns das Geheimnis der Farben Schritt für Schritt enthüllend – bis hin zu dem bedeutungsvollen Abschnitt über den „Allegorischen, symbolischen, mystischen Gebrauch der Farbe“, dem glanzvollen Höhepunkt und Schlußgedanken seiner Farbenlehre, der uns schließlich bis zu der erhabenen Imagination der Erschaffung der Welt durch die Elohim führt. Damit erfüllt Goethe aber sein eigentliches Anliegen, das hinter dem ganzen Werk seiner Farbenlehre steht und das er uns von vornherein in der Einleitung zur Farbenlehre bereits verrät: „... die Mitteilung höherer Anschauungen unter den Freunden der Natur zu erleichtern, war die Hauptabsicht des gegenwärtigen Werkes.“

Die Imagination leitet Goethe mit folgendem Gedanken ein[73]:

„Das zuletzt auch die Farbe eine mystische Deutung erlaube, läßt sich wohl ahnden. Denn da jenes Schema (gemeint ist der Farbkreis, Th. V.), worin sich die Farbenmannigfaltigkeit darstellen läßt, solche Urverhältnisse andeutet, die sowohl der menschlichen Anschauung als der Natur angehören, so ist wohl kein Zweifel, daß man sich ihrer Bezüge, gleichsam als einer Sprache, auch da bedienen könne, wenn man Urverhältnisse ausdrücken will... Der Mathematiker schätzt den Wert und Gebrauch des Triangels (des Dreiecks, Th. V.); der Triangel steht bei dem Mystiker in großer Verehrung; gar manches läßt sich im Triangel schematisieren und die Farberscheinung gleichfalls, und zwar dergestalt, daß man durch Verdoppelung und Verschränkung zu dem alten geheimnisvollen Sechseck gelangt.“

Hier möchte ich einfügen, daß es allerdings ein auffallendes Beispiel für den mystischen Gebrauch der Farbe gibt in der Apokalypse des Johannes. In der erhabenen Geistesschau, von der schon in einem vorigen Kapitel die Rede war, sieht Johannes auf dem Thron eine Gestalt. Der Thronende wird nicht mit Namen genannt! Statt dessen heißt es: „Der Thronende glich in seinem Glanz einem Jaspis und Karneol.“ Farbige Edelsteine sind es, in denen das Wesen des Thronenden aufleuchtet! Es sind die Farben Grün und Rot.

In dem nächsten Paragraphen entwickelt Goethe nun folgendes Bild[74]: „Wenn man erst das Auseinandergehen des Gelben und Blauen wird recht gefaßt, besonders aber die Steigerung ins Rote genugsam betrachtet haben, wodurch das Entgegengesetzte sich gegeneinander neigt, und sich in einem Dritten vereinigt, dann wird gewiß eine besondere, geheimnisvolle Anschauung eintreten, daß man diesen beiden getrennten, einander entgegengesetzten Wesen eine geistige Bedeutung unterlegen könne, und man wird sich kaum enthalten, wenn man sie unterwärts das Grün und oberwärts das Rot hervorbringen sieht, dort an die irdischen, hier an die himmlischen Ausgeburten der Elohim zu gedenken."

Der Farbkreis mit seinem dynamischen prozessualen Geschehen, in welchem sowohl nach oben als auch nach unten hin neue Farben entstehen – (Purpur und Grün) – ausgelöst durch das Spannungsfeld der Farbpolarität Gelb und Blau – vor dem Hintergrund des geheimnisvollen Sechsecks, dem Zeichen des Makrokosmos, das durch die harmonische Durchdringung zweier gleichseitiger Dreiecke entsteht – löst in Goethe die Imagination aus, wie die Elohim im Urbeginne Himmel und Erde erschaffen haben. Das Schöpfungsgeschehen entfaltet sich, indem die Elohim unterwärts das Grün, die eigentliche Erdenfarbe, und oberwärts den Purpur, die Farbe der himmlischen Welt, hervorbringen. Der ganze grandiose Erden-Urbeginn mit den Wirksamkeiten der Elohim, die zwischen Licht und Finsternis eine neue Schöpfung ins Dasein gerufen haben, ersteht vor unserem geistigen Auge, wenn – ja, wenn wir wirklich einzutauchen vermögen in das „lebendig-organische" Farbenflutige, das sich in Goethes Farbkreis abspielt.

Goethes Farbkreis erweist sich als echtes Imaginationsbild im Sinne der modernen Geisteswissenschaft Rudolf Steiners: Da sind die Elemente aus der Sinneswelt, die Farben. Aber sie erscheinen in einer Anordnung, die es im Naturdasein nicht gibt, nämlich im Kreis. Wir können das Bild Stufe um Stufe aufbauen und auf unsere Seele wirken lassen. Das Bild hat Bezug zu den Wesenheiten und Wirksamkeiten der geistigen Welt. Wir können uns kaum enthalten, wenn wir meditativ in das Prozessuale Farbengeschehen eintauchen, ihm „eine geistige Bedeutung zu unterlegen".

So hat Goethe auf wunderbare Weise die Aussage der modernen Geisteswissenschaft Rudolf Steiners vorbereitet: Im Sinne der Anthroposophie ist die Farbe ein Ingredienz der ganzen Welt, und es haben die Elohim innerhalb unseres Erdenwerdens gelernt, „aus den Farben heraus die Formenwelt zu gestalten“, so daß „die Formen der Farbe Werk sein können“. Rudolf Steiner gibt uns sogar – allerdings in einem anderen Zusammenhang – ein Beispiel dafür, wie sich Gestaltungen ergeben durch Blau und Rot, und zwar durch die „schöpferischen Elementarmächte der Welt“[75]:

„Es müßte einmal so etwas, möchte man sagen, von den schöpferischen Elementarmächten der Welt in diese Welt hineingemalt werden; denn all das, was der Mensch empfangen soll an Sehnsuchtsgewalten, ist etwas, was sich etwa in dem Blauen ausleben könnte. Das müßte der Mensch auf der einen Seite in seinem Haupte gestaltet tragen, und alles das, was in dem Roten ausgedrückt ist, das müßte der Mensch in der Gestalt haben, daß es hinaufflutet aus dem Organismus bis zum Gehirn. Und diese zwei Strömungen sind tätig im menschlichen Gehirnbau. Äußerlich die Welt – das, nach dem der Mensch Sehnsucht hat, und das immer überflutet wird durch das, was aus dem eigenen Leib aufwärts führt. Bei Tage ist es so, daß dasjenige, was in der blauen Hälfte ist, stärker flutet als dasjenige, was in der rot-gelben Hälfte ist. Bei Nacht ist es umgekehrt mit dem menschlichen physischen Organismus. Und ein getreues Abbild von diesem hier ist das, was wir gewöhnlich die zweiblättrige Lotusblume nennen, die tatsächlich ebensolche Beweglichkeit und Farbigkeit zeigt für den Betrachter. Und niemand wird je das, was in der Gestaltenwelt als das Produktive lebt, als der obere Teil des menschlichen Hauptes, richtig durchschauen können, wenn er nicht imstande ist, dieses verborgene Farbenfluten, das beim Menschen eben „verborgenes“ Farbenfluten ist, wiederum zu verfolgen.“

Es ist für Menschendenken schwer, diesen Aussagen zu folgen. Aber es sind Aussagen, die den Menschen begleiten können, die man still im Inneren bewahren kann; Reifung ist ein Prozeß, der in der Zeit verläuft, und eines Tages wird die Seele wach sein für die Wahrheiten, die sich uns zunächst nur schwer erschließen wollen. Aber ahnen können wir, daß die dahinflutenden Ströme der Weltenseelen zu dem großen Werk des Erdenwerdens zusammenwirken, daß sie sich ordnen und zusammenklingen wie in einem großen Weltenorchester, in dem jeder Part auf seinen Einsatz wartet und mit dem, was er zu geben hat, seinen Beitrag leistet an der allumfassenden Weltensymphonie, unter der Leitung des großen Weltenkapellmeisters, der obersten, sinngebenden Kraft, und daß sich – in dem sich verdichtenden Weltengang – letztenendes Materielles einlagert entlang diesen Kräfteströmen, wie wir es z. B. von dem Versuch mit den Chladnischen Klangfiguren her kennen.[76] So könnte die sichtbare Erdenwelt letztes Ergebnis eines solchen geistig-seelischen Weltenschaffens sein, in der – als Spur eines verklungenen Weltenseelenprozesses – die sichtbare Farbenwelt aufleuchtet: die sichtbare, irdische Welt mit ihren Farben als Spur der gestaltenden „waltenden Weisheit", die noch in der sichtbaren, aufleuchtenden Farbenwelt das Prinzip ihres eigenen, innersten Wesens offenbart.

Wenn wir auch nur ahnend die Mitteilungen über das Werden unserer Schöpfung entgegennehmen, so erkennen wir doch mit unverlierbarer Gewißheit, daß die Farben, das „uranfängliche Schöpfungselement", den Gesetzen des Lebendigen folgen und damit das Wesen der Gottheit offenbaren, die das Leben selbst ist. Es ist *der Christus* selbst, der sich hier auf der Erde in den Farben schaffend offenbart.

Der Mensch baut seine Gotteshäuser und Altäre aus totem Gestein. Die Gottheit baut mit Farben, mit lebendigem Material, das in seiner innersten Natur Abbild ihres eigenen Wesens ist. Es ist der Logos selbst, der im Urbeginne war und durch den alles geworden ist, was da ist und der in der Gestalt des Chrisuts Jesus Mensch geworden ist und von sich selbst bekannt hat: „Ich bin der Weg, die Wahrheit und *das Leben*", und von dem Johannes in seinem Evangelium sagt: „. . . In ihm war *das Leben*" und in seiner Apokalypse: „. . . Der *das Leben* trägt von einem Äon zum anderen."

Aus seiner Schöpferhand ist die ganze Welt hervorgegangen, auch unsere Erde mit allem, was auf ihr lebt; alles trägt die Spuren seines Wesens, denn alles, was unsere Augen erblicken, ist voller Farben: der weite blaue Himmel, die goldene Sonne, der silberne Mond, alle Wiesen und Wälder, alles Getier der Erde und die Pflanzen und sogar und besonders auch die leuchtenden Mineralien in den dunklen Tiefen der Erde. Und es rufen alle Farben uns zu, wohin wir auch blicken: „Wir sind die lebendigen Bausteine der Welt, wir sind in unserem innersten Wesen ein Abbild der Gottheit, wir legen mit unserem ganzen Sein Zeugnis ab für den Christus! Die Erde ist in Wahrheit bis in ihre Fundamente hinein der Stern des Christus!"

Große Dichter wie Novalis haben das längst erkannt:

„. . .
In kühlen Strömen send ihn her,
In Feuerflammen lodre er,
In Luft und Öl, in Klang und Tau
Durchdring er unsrer Erde Blau.
. . .
Er ist der Stern, er ist die Sonn,
Er ist des ewgen Lebens Bronn,
Aus Kraut und Stein und Meer und Licht
Schimmert sein kindlich Angesicht.
. . .“

Unsere Gedanken wandern zurück zu dem Goethewort, das uns bereits in der Einleitung begegnete und das jetzt in seinem vollen Sinngehalt aufleuchtet:

„Am farbigen Abglanz haben wir *das Leben.*“

Verzeichnis der Zeichnungen und Aquarelle

Abbildung Seite

Anmerkungen

1 Offb. Johannes 4.
2 Goethe „Faust II“, 1. Szene.
3 Rudolf Steiner, „Goethes Naturwissenschaftliche Schriften“, Rudolf Steiner Verlag Dornach/Schweiz, Bd. 1, Seite 187.
4 Bergmann-Schäfer, Lehrbuch der Experimentalphysik, Bd. III, Optik, 5. Auflage, Seite 424.
5 Siehe Anm. 3, jedoch Seite 189.
6 Brief vom 11. 1. 1832, „Nachträge zur Farbenlehre“, Verlag der Cotta'schen Buchhandlung, Stuttgart, Bd. VI, Seite 485.
7 Goethe, „Zur Farbenlehre, didaktischer Teil“, Einleitung.
8 Paulus, Kor.2,10.
9 Isaak Newton (1643–1727), egl. Physiker und Mathematiker.
10 Rudolf Steiner, GA 26, „Anthroposophische Leitsätze“, „Was ist die Erde in Wirklichkeit im Makrokosmos?“:
„Wie aus dem Pflanzenkeim, der räumlich so unbedeutend klein ist, die ganze große Pflanze sich wieder bildet, wenn die alte ersterbend zerfällt, so wird aus dem „Staubkorn“ Erde ein neuer Makrokosmos, indem der alte erstorbene zerfällt.
Das ist ein wahres Anschauen des Erdenwesens, das überall in ihm eine keimende Welt schaut.“
11 Rudolf Steiner, GA 129, „Weltenwunder, Seelenprüfungen und Geistesoffenbarungen“, Vortrag vom 28. 8. 1911.
12 Martin Gebhardt, „Goethe als Physiker“.
13 Goethe, „Zur Farbenlehre, didaktischer Teil“, jedoch XXVII, „Warnung“, Seite 234, Bd. VI, Verlag der Cotta'schen Buchhandlung, Stuttgart.
14 Rudolf Steiner, GA 136, „Die geistigen Wesenheiten in den Himmelskörpern und Naturreichen“, Vortrag vom 3. 4. 1912.
15 Siehe Anm. 3, jedoch Bd. 3, Einleitung.
16 Rudolf Steiner, GA 194, „Die Sendung Michaels. Die Offenbarung der eigentlichen Geheimnisse des Menschenwesens“, Vortrag vom 30. 11. 1919.
17 Rudolf Steiner, GA 320, „Geisteswissenschaftliche Impulse zur Entwicklung der Physik“, Vortrag vom 29. 12. 1919.
18 Eckermann, „Gespräche mit Goethe“.
19 Rudolf Steiner, „Goethes Naturwissenschaftliche Schriften“, Rudolf Steiner Verlag Dornach/Schweiz, Bd. 3, Seite 141, Fußnote.
20 Siehe Anm. 7, jedoch §517.
21 Walther Bühler, „Nordlicht, Blitz und Regenbogen“.
22 Siehe Anm. 7, jedoch §166.

23 Skobalithplatten, ein einfaches Baumaterial.
24 Siehe Anm. 19, jedoch Seite XXVII.
25 Siehe Anm. 7, jedoch § 177.
26 Ebd., jedoch Einleitung.
27 Siehe Anm. 18.
28 Ebd.
29 „Deutsche National-Litteratur", „Materialien zur Geschichte der Farbenlehre", Band V, Seite 329 und 333.
30 Rudolf Steiner, Arbeiter-Vortrag vom 21. 2. 1923, „Die zwei Grundsätze der Farbenlehre in Morgenröte und Abendröte und Himmelsbläue", auch abgedruckt in GA 291, „Das Wesen der Farben".
31 Siehe Anm. 21.
32 Ebd.
33 Ebd.
34 Ebd.
35 Rudolf Steiner, GA 197, „Gegensätze in der Menschheitsentwicklung".
36 Siehe Anm. 7, jedoch § 139.
37 Ebd., jedoch § 140.
38 Goethe, „Dichtung und Wahrheit", 7. Buch.
39 Siehe Anm. 7, jedoch § 919. „Die Elohim" ist die althebräische Bezeichnung für die geistigen Wesenheiten, die nach Mos. Gen. 1 im Urbeginne Himmel und Erde geschaffen haben.
Sie sind in der kath. Kirche die Hierarchie der „Kräfte" oder „Exusiai".
In der Anthroposophie haben sie auch die Bezeichnung „Geister der Form" und „Lichtesgeister".
40 Siehe Anm. 11, jedoch Vortrag vom 24. 8. 1911.
41 Ebd.
42 Siehe Anm. 21.
43 Rudolf Steiner, GA 106, „Ägypthische Mythen und Mysterien", Vortrag vom 2. 9. 1908.
44 Rudolf Steiner, GA 121, „Die Mission einzelner Volkseelen", Vortrag vom 11. 6. 1910.
45 Rudolf Steiner, GA 104, „Die Apokalypse des Johannes", Vortrag vom 25. 6. 1908.
46 Ebd., jedoch Vortrag vom 17. 6. 1908.
47 Joh. 13,35.
48 Siehe Anm. 45.
49 Siehe Anm. 11, jedoch Vortrag vom 21. 8. 1911.
50 Siehe Anm. 7, jedoch Vorwort.
51 Moses, Genesis 6, 5–8.
52 Johannes, Offb. 4, 1–11.
53 Rudolf Steiner, GA 134, „Die Welt der Sinne und die Welt des Geistes", Vortrag vom 28. 12. 1911.
54 Siehe Anm. 45, jedoch Vortrag vom 17. 6. 1908.

55 Rudolf Steiner, GA 122, „Die Geheimnisse der Biblischen Schöpfungsgeschichte", Vortrag vom 19. 8. 1910.
56 Siehe Anm. 43, jedoch Vortrag vom 3. 9. 1908. Siehe auch Anm. 55.
57 Matthäus Evangelium, 25, 31–34; Übersetzung von Emil Bock.
58 Siehe Anm. 53.
59 Johannes Evangelium, 1, 1–5; Übersetzung von Emil Bock.
60 Siehe Anm. 45, jedoch Vortrag vom 18. 6. 1908.
61 Siehe Anm. 16.
62 Rudolf Steiner, GA 291, „Das Wesen der Farben", Vortrag vom 26. 7. 1914, „Die schöpferische Welt der Farbe".
63 Novalis, „Heinrich von Ofterdingen".
64 Siehe Anm. 62, jedoch Vortrag vom 2. 6. 1923, „Von der Raumperspektive zur Farbperspektive".
65 Siehe Anm. 62.
66 Ebd., jedoch Vortrag vom 7. 5. 1921, „Bildwesen und Glanzwesen der Farben.
67 Ebd., jedoch Vortrag vom 4. 1. 1924, „Die Hierarchien und das Wesen des Regenbogens".
68 Siehe Anm. 7, jedoch VI. Abteilung, „Sinnlich-sittliche Wirkung der Farbe".
69 Siehe Anm. 62, jedoch Vortrag vom 9. 6. 1923, „Geist und Ungeist in der Malerei".
70 Ebd., jedoch Vortrag vom 1. 1. 1915, „Das moralische Erleben der Farben- und Tonwelt als Vorbereitung zum künstlerischen Schaffen".
71 Rudolf Steiner, GA 223, „Der Jahreskreislauf als Atmungsvorgang der Erde", Vortrag vom 2. 4. 1923.
72 Siehe Anm. 7, jedoch §§217 und 334.
73 Ebd., jedoch §918.
74 Ebd., jedoch §919.
75 Siehe Anm. 62.
76 Siehe Anm. 55, jedoch Vorträge vom 18. und 19. 8. 1910.

Werke von Sigismund v. Gleich im Mellinger Verlag

Marksteine der Kulturgeschichte
4 Teile jetzt in einem Band
I. Babylonien und Ägypten · II. Syrien, Saba und Phönizien
III. Hellas und Kleinasien · IV. Mysterien-Dämmerung und Christus-Erscheinung
3. Auflage, 464 Seiten, 14 Diagramme, 1 Karte, geb.
ISBN 3-88069-102-9

Die Wahrheit als Gesamtumfang aller Weltansichten
2. durch ein kombiniertes Namen- und Literaturverzeichnis ergänzte Auflage, 328 Seiten, geb.
ISBN 3-88069-242-4

Der Mensch der Eiszeit und Atlantis –
mit besonderer Berücksichtigung der Urgeschichte der Mongolen, Abessinier und Basken
3. Auflage, 204 Seiten, 15 Diagramme, kartoniert
ISBN 3-88069-027-8

Von Thales bis Steiner –
eine Lebensgeschichte des Denkens mit einer Betrachtung über das Ich
168 Seiten, kartoniert
ISBN 3-88069-126-6

Geisteswissenschaft, Kunstoffenbarung und religiöse Lebensanschauung
In ihrer Dreieinigkeit philosophisch-anthroposophisch entwickelt aus dem Menschenwesen und Ideenkosmos.
152 Seiten , 7 Diagramme, kartoniert
ISBN 3-88069-117-7

Geisteswissenschaftliche Entwicklungslinien im Hinblick auf den „Impuls von Gondi-Schapur“
48 Seiten, 1 Karte, kartoniert
ISBN 3-88069-030-8

Die Umwandlung des Bösen
3. Auflage, 32 Seiten, kartoniert
ISBN 3-88069-035-9

7000 Jahre Urgeschichte der Menschheit
3. Auflage, 40 Seiten, kartoniert
ISBN 3-88069-031-6

Inspirationsquellen der Anthroposophie
mit einem Lebenslauf des Autors
50 Seiten, 1 Bild des Autors, kartoniert
ISBN 3-88069-087-1

J. Ch. Mellinger Verlag, Stuttgart